JA PÉREZ

HAMARTIOLOGÍA: LA DOCTRINA DEL PECADO

Teología Sistemática para Latinoamérica

Prólogo por Dr. Jaime Mirón

HAMARTIOLOGÍA: LA DOCTRINA DEL PECADO

Teología Sistemática para Latinoamérica

Tisbita Publishing House

Puede encontrarnos en la red en: www.tisbita.com
Reportar errores de imprenta a errata@tisbita.com
Contactar al autor en: www.japerez.com

ISBN: 978-1-947193-40-6

Library of Congress | United States Copyright Office
Registration (case number) 1-10892898611
Pérez, JA 1961- author Literary Work
Teología Sistemática para Latinoamérica

tisbita

Printed in the U.S.A.

HAMARTIOLOGÍA: LA DOCTRINA DEL PECADO

Este manual de estudio es diseñado con ejercicios, cuestionarios y espacios para notas, para ser usado en estudios de grupos, clases de instituto bíblico, seminario o cualquier otro formato donde se equipen ministros y líderes para la obra de ministerio o creyentes en general que quieren crecer en el conocimiento de Dios.

Proviene del libro: *Teología Sistemática para Latinoamérica (780 páginas)* y forma parte de la serie de 11 manuales de estudios de teología.

Puede visitar *https://japerez.com/teologia* para información sobre los otros manuales de esta serie y el libro principal. Más detalles al final de este manual.

Uso de traducciones bíblicas

Citas bíblicas marcadas con las letras **RVR1960** provienen de la Reina Valera
Revisada de 1960. Reina-Valera 1960 ® © Sociedades Bíblicas en América Latina, 1960.
Renovado © Sociedades Bíblicas Unidas, 1988. Utilizado con permiso.
Las letras **NTV** indican La Santa Biblia, Nueva Traducción Viviente,
© Tyndale House Foundation, 2010. Todos los derechos reservados.
RVR1995 indican la Reina-Valera 1995. Copyright © 1995 por United Bible Societies.
RVA indican la Reina-Valera Antigua. Dominio Público. **RVC** indican la Reina Valera
Contemporánea. Copyright © 2009, 2011 por Sociedades Bíblicas Unidas.
RVA-2015 indican la Versión Reina Valera Actualizada, Copyright © 2015 por Editorial Mundo Hispano.
NVI indican la Santa Biblia, NUEVA VERSIÓN INTERNACIONAL® NVI® © 1999, 2015 por Biblica, Inc.®
Usado con permiso de Biblica, Inc.® Reservados todos los derechos en todo el mundo.
LBLA indican la La Biblia de las Américas. Copyright © 1986, 1995, 1997 por The Lockman Foundation.
NBLA indican la Nueva Biblia de las Américas™ NBLA™ Copyright © 2005 por The Lockman Foundation.
TLA indican la Traducción en lenguaje actual. Copyright © 2000 por United Bible Societies.
RVR1977 indican la Reina Valera Revisada® RVR® Copyright © 2017 por
HarperCollins Christian Publishing® Usado con permiso.
DHH indican la versión Dios habla hoy ®, © Sociedades Bíblicas Unidas, 1966, 1970, 1979, 1983, 1996.
BLP indica La Palabra, (versión española) © 2010 Texto y Edición, Sociedad Bíblica de España.
KJV indican la King James Version. Dominio Público.
Donde no se indique la versión, especialmente si se cita un versículo dentro de párrafo, todos
los textos bíblicos han sido extraídos de la versión Reina-Valera 1960 ® © Sociedades Bíblicas en
América Latina, 1960. Renovado © Sociedades Bíblicas Unidas, 1988. Utilizado con permiso.

Usos gramaticales

En este libro, el uso de mayúsculas en algunas palabras o pronombres tiene
el propósito de acentuar respeto, o universificar conceptos.

Siempre para referirme a Dios en tercera persona uso Él (con acento y en mayúscula la primera letra).
Para referirme a algo que pertenece a Dios uso Su (con mayúscula en la primera letra), sin embargo, al citar
textos bíblicos, respeto cuando aparece con minúscula para no alterar la manera que lo usa cada versión.

De igual manera, respeto al citar la Reina Valera 1960 o la Reina Valera Antigua el uso de
antiguas reglas ortográficas, como por ejemplo el acento en la é de éstos o éstas o el uso del
punto y coma para terminar una oración y luego comenzar la otra línea con mayúscula.

Uso nosotros en lugar de vosotros porque escribo primordialmente para Latinoamérica, sin embargo cuando
es parte de la traducción bíblica que estoy usando, por supuesto lo dejo intacto para no alterar las citas.

Dedicado a todos aquellos que incansablemente comparten la buena noticia en nuestra América Latina. Quienes aman la verdad y no se rinden.

Al fiel pastor de aquella pequeña congregación sin luz o agua potable en las montañas y al maestro bíblico que lucha con las corrientes de error en su querida ciudad.

Esta humilde obra es para ustedes, amados obreros.

Agradezco a mi Dios, por todo.

A mi esposa, quien pacientemente me escucha pensar en voz alta y debatir conmigo mismo textos difíciles a deshoras de la noche, quien me acompaña en cada paso y en cada letra.

A mi madre por sus largas horas leyendo y ayudándome en las correcciones al manuscrito, y a nuestros dos hermosos gatos que fielmente me acompañan mientras escribo.

También agradezco a mis maestros y mentores que desde antes con su ejemplo me enseñaron a amar la teología y a todos los escritores que menciono en las notas. Sin los cientos de fuentes y consultas, este trabajo no hubiera sido posible.

CONTENIDO

PRÓLOGO

Los alemanes cuentan con la teología sistemática de Wolfhart Pannenberg; los ingleses con Alister McGrath; los franceses con Juan Calvino; los españoles con Francisco Lacueva y Samuel Vila; los americanos con Lewis Sperry Chafer, Wayne Grudem, Charles Hodge, Louis Berkhof, Stanley M. Horton y John MacArthur, entre otros. Gracias a Dios, varios han sido traducidos al español.

Pero no ha existido una obra de teología sistemática escrita por un latino para latinos… hasta ahora.

Teología Sistemática para Latinoamérica comprende once ramas, que cubren en forma sistemática las diferentes fases de la teología escrita en español para latinos.

Lo que más me agrada de esta obra es que no sólo cubre todas las doctrinas de la teología sino también es fácil de leer y entender. Digo más, me parece que hay mucho material que el pastor puede usar en la preparación de sus mensajes o para maestros de la escuela dominical o líderes de clases bíblicas.

El fundamento de toda teología es la Palabra de Dios. Es la primera parte que leo en cualquier teología sistemática. Cito una parte de *Teología Sistemática para Latinoamérica*: «La Escritura es inerrante. No contiene errores. Esta inerrancia significa que en los manuscritos originales no se equivoca, ni dice nada fuera de la verdad o sin exactitud. La Palabra de Dios no contiene errores. En otras palabras, la Biblia es siempre verdadera y confiable en todo el texto. Errar es de humanos. Dios no comete errores. *'Toda palabra de Dios demuestra ser verdadera. Él es un escudo para todos los que buscan su protección. Proverbios 30:5* NTV*»*.

Es reconfortante saber que en los cimientos de *Teología Sistemática para*

Latinoamérica está la creencia de la absoluta autoridad de la Palabra de Dios.

JA Pérez tiene un ministerio aprobado de años en el mundo de habla hispana. Además, goza de un matrimonio sólido y sus tres hijos colaboran en el ministerio. Ha sido mi privilegio ministrar con él en varios países donde he podido observar su visión, pasión por las almas y amor a Dios.

Estoy más que seguro que disfrutará de esta magnífica obra.

Dr. Jaime Mirón

Editor General de la Biblia Nueva Traducción Viviente y vicepresidente de la Asociación Luis Palau.

Junio de 2021

¿POR QUÉ ESTE TRABAJO?

La motivación para escribir los varios tomos en esta serie se puede decir que ha surgido después de largos períodos de frustración.

Creo que en nuestras facultades e institutos Bíblicos en Latinoamérica hemos trabajado mucho tiempo con material prestado. Digo prestado porque no fue escrito para nosotros.

Tenemos por un lado grandes obras teológicas escritas por autores anglosajones, escoceses, franceses, suizos y alemanes publicadas siglos atrás para una audiencia europea. Estas, traducidas por españoles (también europeos) para españoles, con connotación y estilo que no aplica a la América Latina del siglo XXI.

Por otro lado, nativos de la lengua española, también han escrito grandes obras como lo son Francisco Lacueva[1], Samuel Vila[2], y otros, que han sido (y siguen siendo) útiles durante años en la formación de ministros evangélicos. A estos (y a los anteriores) estamos grandemente agradecidos y edificamos sobre sus hombros. En ningún momento intento menospreciar y ciertamente no presumo tener mejor teología que ellos, estos fueron grandes maestros y expertos en la lengua castellana, sin embargo, para este siglo y para una América con un lenguaje cambiante y muy lejos del sentido original de muchas de las palabras usadas en esa hermosa literatura teológica española del siglo pasado —es necesario actualicemos.

Por eso esta humilde obra.

La teología es y será la misma que hemos tenido por más de 2000 años, no cambia, está establecida sobre fundamento sólido. Sin embargo, en un amplio y diverso continente la lengua cambia, y los significados de muchas palabras también[3].

Esta serie de Teología Sistemática es escrita para América Latina. Para ser usada primordialmente como texto esencial en la *Facultad de Teología Latinoamericana™* y distribuida en nuestro amado continente para que una nueva generación de predicadores puedan influir a sus mundos con sólida doctrina como ministros aprobados que usan bien la palabra de verdad (2 Timoteo 2:15).

La metodología

Intentaré usar lo más que pueda, textos bíblicos que vienen de traducciones contemporáneas con el lenguaje actual de Latinoamérica. Sin embargo, necesito equivalencia formal[4] para textos bases, por lo que estaré usando la amada Reina Valera 1960[5], gran parte del tiempo, claro que con las referencias necesarias a otras traducciones, de manera que el estudiante latinoamericano pueda comprender el texto fácilmente.

¿Qué es teología sistemática?

Teología sistemática, es una disciplina de la teología cristiana. La labor de la teología sistemática es presentar de manera ordenada y coherente la verdad de Dios y su relación con el hombre y el mundo[6].

Es una presentación de la fe y doctrinas cristianas, que está ordenada en un «sistema» metódico para facilitar el entendimiento de estas.

La palabra «teología» es compuesta y viene del griego. Theos, significa «Dios», y logos significa «palabra» o «mensaje».

«Sistemática» obviamente viene de «sistema». Algo desarrollado bajo un sistema. Teología sistemática es, entonces, la división de la teología en sistemas que explican sus diversas áreas [7].

Varios teólogos han dado definiciones similares.

A. H. Strong dice: «La teología es la ciencia de Dios y Su relación con el universo»[8]. Por otro lado, Charles Hodge dice: «La teología es la exhibición de los hechos de la escritura en su orden y relación apropiados, con los principios o verdades generales involucrados en los mismos hechos, y que impregnan y armonizan el todo»[9]. Y William G. T. Shedd dice: «La teología es una ciencia que se interesa tanto en lo infinito como en lo finito, tanto en Dios como en el universo. Por lo tanto, el material que esta abarca es más vasto que el de cualquier otra ciencia. Es también la más necesaria de todas las ciencias»[10].

La importancia de que la teología sea sistematizada es obvia. Esta nos facilita el estudio y la comprensión. Wayne Grudem señala que la alternativa sería «teología desorganizada»[11].

¿Por qué el estudio de la teología sistemática?

Primero, porque la teología —cuando se estudia correctamente y con motivos sanos— glorifica a Dios.

Dios es glorificado cuando buscamos conocerle (Filipenses 1:9—11). Entonces, para usted y para mí, el objetivo de estudiar teología es conocer mejor a Dios y aprender más y más en cuanto a cómo obedecerle. *«Y en esto sabemos que nosotros le conocemos, si guardamos sus mandamientos» (1 Juan 2:3).* Entonces, si nuestro estudio produce obediencia, esto glorifica a Dios.

> *Pues todas las cosas provienen de él y existen por su poder y son para su gloria. ¡A él sea toda la gloria por siempre! Amén. Romanos 11:36 NTV*

Segundo, para estar equipados y representar a Cristo correctamente.

También estudiamos teología para poder ser testigos fieles de Dios al mundo.

Especialmente cuando vivimos en un tiempo en que toda verdad es cuestionada. La iglesia del Señor, necesita estar preparada para responder, cuando alguien nos pregunta acerca de la esperanza que tenemos como creyentes —*«siempre preparados para dar una explicación» (1 Pedro 3:15 NTV).* Debemos saber que es a través de nosotros (la iglesia) que esa esperanza es dada a conocer a todos —especialmente a los de afuera.

Pablo nos dice:

El propósito de Dios con todo esto fue utilizar a la iglesia para mostrar la amplia variedad de su sabiduría a todos los gobernantes y autoridades invisibles que están en los lugares celestiales. Efesios 3:10 NTV

La amada Reina Valera 1960 dice: «*para que la multiforme sabiduría de Dios sea ahora dada a conocer por medio de la iglesia a los principados y potestades en los lugares celestiales*».

Tercero, para nuestro crecimiento espiritual.

Como seguidores de Cristo, es importante que estudiemos teología para que podamos crecer en conocimiento y fe. No es suficiente saber acerca de Dios, necesitamos conocerle personalmente y tener una relación genuina con Él.

El temor del Señor es la base del verdadero conocimiento, pero los necios desprecian la sabiduría y la disciplina. Proverbios 1:7 NTV

La verdad inspira adoración. La teología provoca reverencia y gloria.

Es preciso que nos preguntemos si nuestra adoración es superficial, basada meramente en emociones, o si está fundamentada en la Palabra de Dios.

Si no tenemos la teología correcta se pierde el ánimo para la verdadera adoración.

El gozo verdadero no viene de buscar más emoción, mejor sonido musical, etc… El gozo verdadero viene cuando estamos saturados por la Palabra de Dios.

Lo que necesitamos para adorar a Dios más efectivamente es una gran visión de Él, y esto se obtiene por medio de Su estudio.

Cuarto y último, porque la doctrina es importante.

Debemos estudiar teología porque es importante. Ser un discípulo de Cristo va más allá de tomar la decisión de seguirle.

Debemos convertirnos en estudiantes de Dios.

Mira lo que dice Jesús:

Jesús le dijo a la gente que creyó en él: —Ustedes son verdaderamente mis discípulos si se mantienen fieles a mis enseñanzas... Juan 8:31 NTV

No podemos simplemente inventar nuestro propio credo. Si lo hiciéramos, estaríamos haciéndonos en nuestras mentes un «dios» (con minúscula) a nuestra imagen.

Es posible que esta sea la razón por la cual Pablo advierte a Timoteo:

Llegará el tiempo en que la gente no escuchará más la sólida y sana enseñanza. Seguirán sus propios deseos y buscarán maestros que les digan lo que sus oídos se mueren por oír. Rechazarán la verdad e irán tras los mitos. 2 Timoteo 4:3-4 NTV

La Biblia no nos concede un especial derecho para escoger qué doctrinas bíblicas queremos creer.

La importancia de la doctrina reside no sólo en que aprendamos a seguir las enseñanzas de Jesús. También es importante para entender las cosas que la Biblia no enseña.

En conclusión, ¿por qué estudiamos teología sistemática?

La estudiamos 1. porque glorifica a Dios; 2. para aprender a representar a Cristo correctamente; 3. para nuestro crecimiento espiritual; y 4. porque la doctrina es importante.

Por tanto, como el pecado entró en el mundo por un hombre, y por el pecado la muerte, así la muerte pasó a todos los hombres, por cuanto todos pecaron. Ro 5:12 RVR1960

INTRODUCCIÓN

¿Qué es hamartiología?

La Hamartiología (o estudio del pecado) es parte fundamental de la doctrina bíblica.

Esta está fuertemente vinculada a otras doctrinas básicas del cristianismo.

Debemos tener un claro concepto de lo que es el pecado, su origen y consecuencias. Además debemos entender lo que Cristo ha hecho a nuestro favor para salvarnos de este.

Estudiaremos en este volumen, una variedad de términos, usados tanto en el Antiguo como en el Nuevo Testamento.

También estudiaremos los tipos específicos de pecado que existen, las distintas fuentes del mismo, y las horribles consecuencias que ha causado tanto en la vida personal como en la historia de la humanidad, mirándolo colectivamente.

No podemos tocar este tema sin hablar sobre la solución que Dios ha provisto para lidiar con el pecado y sus daños temporales y eternos. Se trata de la gracia de Dios, la obra redentora de Cristo por medio de Su sangre derramada para remisión de este.

También notar la obra del Espíritu Santo en el trabajo de parte de Cristo para librarnos del pecado. Jesús dijo:

> *Y cuando él venga, convencerá al mundo de pecado, de justicia y de juicio. De pecado, por cuanto no creen en mí; de justicia, por cuanto voy al Padre, y no me veréis más; y de juicio, por cuanto el príncipe de este mundo ha sido ya juzgado. Juan 16:8—11* RVR1960

Indaguemos, escudriñemos, y preparémonos como ministros de Cristo, para comunicar correctamente la esperanza que en Él puede tener la humanidad. Seamos heraldos de la verdad de que sólo Cristo es la solución para que los que oigan sean librados del pecado, de culpa y pasen a justicia, la cual Él ha conseguido en Su sacrificio perfecto y otorga gratuitamente a todos los que confían en Él como único Señor y Salvador.

¡Comencemos!

1

LA REALIDAD DEL PECADO

Los efectos del pecado son obvios en la sociedad y esto ha sido así desde la caída.

Sólo toma ver las noticias en la televisión, en el internet, o en los periódicos, y esto será suficiente para saber que algo está intrínsecamente mal con este mundo. Los noticieros por lo regular no nos entregan noticias, sino más bien «malas noticias».

Muchos dicen que el problema radica en los disparejos económicos, la falta de igualdad, injusticia social. Que la violencia es resultado de la negligencia que hemos tenido con las clases menos privilegiadas, etc… Y sí, todos esos problemas existen y son muy reales en nuestra sociedad, pero… ¿Cuál es la raíz de las injusticias? ¿Qué está detrás de los tantos homicidios que vemos en las noticias? ¿Qué motiva las guerras?

Y en otro nivel. ¿Qué motiva a la mentira, la infidelidad, el vicio, el egoísmo, la ira?

La mente secular tratará siempre de apuntar a factores externos, lo visible, lo simple de discernir.

Sin embargo existe algo más siniestro, más oscuro, y que reside en el mismo corazón del ser humano.

Jesus dijo:

Porque del corazón salen los malos pensamientos, los homicidios, los adulterios, las fornicaciones, los hurtos, los falsos testimonios, las blasfemias. Mateo 15:19 RVR1960

Amigo lector, estudiante, no es necesario buscar muy lejos. El problema está dentro. Está en el corazón del hombre, y se llama «pecado».

Los filósofos y pensadores durante las edades han tratado de explicar las causas que motivan al ser humano a buscar el mal, más siempre se les pasó entender que había una causa voluntaria en el hombre y su libre elección,[1] siendo dicha causa por cierto la postura bíblica.

Cuando leemos a Ireneo de Lion[2] vemos en su doctrina que incluso el pecado está dentro de los planes de Dios para la historia de la humanidad, no como el origen del mismo, sino como quien provee para aquellos que —aunque pecan contra Dios— pueden encontrar en Él un plan de salvación, y por ende, libertad del pecado.

¿Qué aprendí en este capítulo?

_____

_____

_____

_____

_____

_____

Citas bíblicas claves

_____   _____

_____   _____

_____   _____

_____   _____

Para recordar

_____

_____

_____

_____

_____

_____

Cuestionario

Llene los espacios en blanco.

Los efectos del pecado son _____ en la sociedad y esto ha sido así desde la caída.

La _____ secular tratará siempre de apuntar a factores externos, lo visible, lo simple de discernir.

2

EL DILEMA DEL PECADO

Si observa con cuidado, notará que nuestro mundo vive con una incómoda contradicción.

Aun secularmente, los seres humanos tenemos la tendencia de proyectarnos como agentes morales, queremos mostrar que tenemos altos niveles morales pero estos tienden a ser altamente subjetivos.

En nuestra sociedad, definimos algo como incorrecto, si directamente daña a alguien. Entonces algo es inmoral, si hay daños a otros y cuando no, tiende a ser pasado por alto.

Nuestra cultura postcristiana ha reemplazado el estándar divino perfecto por los estándares cambiantes. Si una persona se siente herida, acusará a la otra de haber violado su derecho y pedirá remuneración por la ofensa.

En otras palabras, los daños son intrahumanos. Si hay una ofensa, se buscará remuneración o castigo. Los humanos buscan el perdón de otros humanos y el que agrede busca ser perdonado por el agredido, pero jamás se incluye a Dios en la ecuación.

Pretendemos que nuestras faltas son contra o entre humanos, cuando en realidad pecamos contra Dios, y es de Él de quien necesitamos perdón.

Este Salmo de David, nos deja muy claro contra quién son las ofensas, algo que el salmista sabía muy bien.

Contra ti, contra ti solo he pecado, Y he hecho lo malo delante
de tus ojos; Para que seas reconocido justo en tu palabra, Y
tenido por puro en tu juicio. Salmos 51:4 RVR1960

Concepto del Pecado

El concepto del pecado se deriva de varios términos que hallamos en la Biblia, tanto en el Antiguo Testamento como en el Nuevo Testamento.

De todos estos, el más conocido es el término griego hamartanó[3] que significa desviarse de un curso recto.

Se ha usado la ilustración del arquero que falla al blanco, pero me temo que el problema del pecado es mucho más profundo. No se trata de sólo fallar a dar en el blanco, se trata de hacerlo a propósito.

De acuerdo a la Biblia, es pecado cuando el hombre voluntariamente se aparta de Dios para vivir su vida en desobediencia de Él. Es por ello que el pecado lleva en sí castigo.

El pecado juega un papel central en la narración bíblica

Al principio, todo lo creado era bueno (Génesis 1—2) y luego de bueno pasa a decadencia. El hombre es expulsado del Edén (Génesis 3), luego ocurre un asesinato (Génesis 4), la sociedad se corrompe (Génesis 5—6), lo que trae la inundación (Génesis 6—9), y a la torre de Babel (Génesis 11).

Vemos un patrón. Una degradación. Y la respuesta está en lo que sucedió en Génesis 3.

Fíjese si el problema del pecado es tan dominante en los textos, que en el hebreo del Antiguo Testamento, toma varias palabras para poder capturar lo que significa.

Antiguo Testamento

La palabra que más se usa para el pecado en hebreo [אטח ht '] y que ya mencioné en el capítulo anterior en otra forma, la podemos encontrar unas 600 veces. Esta puede significar perder algo, fallar o no pegarle al blanco.

La segunda palabra más común para el pecado sería [עָוֹן 'awôn], que se puede traducir como «iniquidad». Esta aparece en traducciones más antiguas como «maldad» pero en traducciones más modernas como «perversión». Su etimología viene de «quebrar» o «retorcer». En esta última palabra podemos ver que el pecado distorsiona y pervierte.

Los textos usan un tercer término para el pecado [עֶשׁע psh '] que se puede traducir como «transgresión», «sublevación» o «rebelión». Quizá el mejor equivalente aquí sea «crimen». El pecado es criminal por el hecho de que rompe la ley suprema —la ley de Dios.

También la Palabra de Dios presenta al pecado como «injusticia», o como «impiedad». Algo que se necesita remediar —una deuda que debe pagarse.

El pecado interrumpe que disfrutemos de la presencia de Dios.

> ...*pero vuestras iniquidades han hecho división entre vosotros*
> *y vuestro Dios, y vuestros pecados han hecho ocultar de*
> *vosotros su rostro para no oír. Isaías 59:2* RVR1960

Entonces, cuando nos elevamos con soberbia por encima de Dios, es porque el pecado está presente. Y como mencioné antes, la base de todo esto yace en Génesis 3 — la primera tentación, «seréis como Dios».

> ...*sino que sabe Dios que el día que comáis de él, serán abiertos vuestros*
> *ojos, y seréis como Dios, sabiendo el bien y el mal. Génesis 3:5* RVR1960

Nuevo Testamento

Cuando estudiamos el Nuevo Testamento, encontramos que además de la palabra hamartia[4] —de donde toma el nombre esta disciplina que estudia la doctrina del pecado—hallamos otros términos[5] como «kakos» que significa «mal físico» o «enfermedad» que es usado en el siguiente texto.

> *El respondió y les dijo: La generación mala y adúltera demanda señal; pero*
> *señal no le será dada, sino la señal del profeta Jonás. Mateo 12:39* RVR1960

O la palabra «asebes» que significa «impío», usada en este versículo de primera de Pedro.

Y: Si el justo con dificultad se salva, ¿En dónde aparecerá el impío y el pecador? 1 Pedro 4:18 RVR1960

La palabra «enochos» se usa como «culpable» y «merecedor de muerte».

Oísteis que fue dicho a los antiguos: No matarás; y cualquiera que matare será culpable de juicio. Mateo 5:21 RVR1960

«Adikia» como «mala conducta», la palabra «anomos» como «sin ley» o «inicuo», la palabra «parabates» como «transgresor de la ley».

La palabra «agnoein» como la «adoración a dios falso por ignorancia» y la encontramos en Romanos 2.

¿O menosprecias las riquezas de su benignidad, paciencia y longanimidad, ignorando que su benignidad te guía al arrepentimiento? Romanos 2:4 RVR1960

Otras palabras usadas son «planao» que significa «extravío», «paraptoma» que significa «ofensa», y la palabra «hypocrisis» que hace referencia a la «hipocresía» lo cual es también considerado pecado que se ha de condenar y la vemos usada por Pablo en Gálatas 2.

Pero cuando Pedro vino a Antioquía, le resistí cara a cara, porque era de condenar. Pues antes que viniesen algunos de parte de Jacobo, comía con los gentiles; pero después que vinieron, se retraía y se apartaba, porque tenía miedo de los de la circuncisión. Y en su simulación participaban también los otros judíos, de tal manera que aun Bernabé fue también arrastrado por la hipocresía de ellos. Gálatas 2:11—14 RVR1960

Debemos hacer una distinción entre «pecado» (singular) y «pecados» (plural).

El pecado encierra género y es la actitud continua del hombre (desde el pecado de Adán) y pecados, puede referirse a cuando transgredimos ante la ley de Dios.

Para resumir en cuanto al concepto de pecado, podemos usar las palabras y orden que nos da Ryrie[6] para pecado: «errar el blanco, maldad, rebelión, iniquidad, extravío, perversidad, andar errante, impiedad, crimen, andar fuera de la ley, transgresión, ofensa o ignorancia».

Entonces podemos decir que quien único puede solucionar el problema del pecado es Jesucristo.

Juan el Bautista entendió esto claramente al ver por primera vez a Jesús. Sus palabras fueron: «He aquí el Cordero de Dios, que quita el pecado del mundo» (Juan 1:29).

Por esta razón, el Salvador fue llamado «Jesús».

> *Y dará a luz un hijo, y llamarás su nombre JESÚS, porque él salvará a su pueblo de sus pecados... Mateo 1:21* RVR1960

La solución al dilema del pecado es Jesús.

Le adelantaré dos textos, pero este tema lo estudiaremos más en detalles en el volumen *Soteriología: La doctrina de la redención*.

> *El siguiente día vio Juan a Jesús que venía a él, y dijo: He aquí el Cordero de Dios, que quita el pecado del mundo. Juan 1:29* RVR1960

> *...pero Cristo, habiendo ofrecido una vez para siempre un solo sacrificio por los pecados, se ha sentado a la diestra de Dios Hebreos 10:12 RVR1960*

¿Qué aprendí en este capítulo?

_____

_____

_____

_____

_____

_____

Citas bíblicas claves

_____ _____

_____ _____

_____ _____

_____ _____

Para recordar

_____

_____

_____

_____

_____

_____

Cuestionario

Llene los espacios en blanco.

En nuestra sociedad, definimos algo como incorrecto, si directamente
_____ a alguien.

De acuerdo a la Biblia, es _____ cuando el hombre voluntariamente se
aparta de Dios.

El pecado _____ que disfrutemos de la presencia de Dios.

Quien único puede _____ el problema del pecado es Jesucristo.

3

LA CAÍDA: EL PUNTO DE PARTIDA

Al principio leemos que Dios ha creado un mundo en el cual todo era bueno.

Dios le entregó al hombre y su mujer potestad sobre todo lo creado.

> *Pero la serpiente era astuta, más que todos los animales del campo que Jehová Dios había hecho; la cual dijo a la mujer: ¿Conque Dios os ha dicho: No comáis de todo árbol del huerto? Y la mujer respondió a la serpiente: Del fruto de los árboles del huerto podemos comer, pero del fruto del árbol que está en medio del huerto dijo Dios: No comeréis de él, ni le tocaréis, para que no muráis. Entonces la serpiente dijo a la mujer: No moriréis; sino que sabe Dios que el día que comáis de él, serán abiertos vuestros ojos, y seréis como Dios, sabiendo el bien y el mal. Y vio la mujer que el árbol era bueno para comer, y que era agradable a los ojos, y árbol codiciable para alcanzar la sabiduría; y tomó de su fruto, y comió; y dio también a su marido, el cual comió así como ella. Entonces fueron abiertos los ojos de ambos, y conocieron que estaban desnudos; entonces cosieron hojas de higuera, y se hicieron delantales. Génesis 3:1-7* RVR1960

En ese pasaje leemos la tragedia de cómo el pecado entró en la condición humana. El texto, nos da una explicación de la universalidad de nuestra condición pecaminosa.

También nos prepara para ver que el Dios de la creación es a la vez, el Dios de la redención.

La desobediencia del ser humano, al comer el fruto del árbol del conocimiento del bien y el mal, nos muestra tres cosas acerca del pecado —en sentido general.

1. Primero, el pecado busca redefinir la base del conocimiento

La serpiente les dice «no moriréis» (Génesis 3:4), desafiando lo que Dios les había dicho a Adán y Eva, —que morirían si comían del árbol (Génesis 2:17).

Vemos que Eva no tomó en serio a Dios y Su advertencia.

El pecado intenta siempre convencernos de que lo que dice Dios no es digno de confianza. Pecar comienza cuando creemos esta mentira.

2. El pecado busca redefinir la base de nuestro compás moral

Dios establece que «no comer del fruto» era lo normal (Génesis 2:17). Sin embargo, la serpiente propone que lo normal sería comer del fruto, y que si Adán y Eva seguían su consejo, serían «como Dios» (Génesis 3:5).

Vemos que Eva confió en su propio juicio sobre lo que era correcto. No creyó en la definición de «lo correcto» que Dios le había dado.

El pecado buscó redefinir la base de la identidad.

La identidad de Adán y Eva está basada en que eran criaturas de Dios, dependientes y bajo la autoridad del Creador. Sin embargo, cedieron a la tentación de «ser como Dios» (Gn. 3:5), intentando así estar al nivel de Dios.

En este evento del Génesis, vemos cómo predomina el orgullo, y cómo este reside en el mismo corazón del pecado.

El pecado consiste en abandonar a Dios para encontrar en ti mismo lo que debías encontrar en Él.

Entonces podemos decir que el evento de Génesis capítulo 3 nos enseña que aunque Dios creó a una humanidad buena, el ser humano eligió desobedecer.

La consecuencia de esta desobediencia es que Dios entonces, maldice a la humanidad y la creación con sentencia de muerte.

El llanto, sufrimiento, enfermedad, y dolores de parto, son algunos de los resultados de esa caída.

¿Qué aprendí en este capítulo?

_____

_____

_____

_____

_____

_____

Citas bíblicas claves

_____   _____

_____   _____

_____   _____

_____   _____

Para recordar

_____

_____

_____

_____

_____

_____

Cuestionario

Llene los espacios en blanco.

Al principio leemos que Dios ha creado un mundo en el cual todo era _____.

Dios le entregó al hombre y su mujer _____ sobre todo lo creado.

La identidad de Adán y Eva está basada en que eran _____ de Dios.

El pecado consiste en _____ a Dios para encontrar en ti mismo lo que debías encontrar en Él.

4

EL ORIGEN DEL PECADO

Para entender todo sobre el origen del pecado, es necesario que lo analicemos desde dos puntos de vista, el primero, sobre su origen en el universo, y el segundo, sobre su origen en la humanidad.

¿De dónde viene el pecado?

Antes de ver cómo entró el pecado en la raza humana, debemos entender que antes del evento en el huerto del Edén, ya el pecado existía.

De hecho, ya había sucedido una rebelión en los cielos.

¡Cómo caíste del cielo, oh Lucero, hijo de la mañana! Cortado fuiste por tierra, tú que debilitabas a las naciones. Tú que decías en tu corazón: Subiré al cielo; en lo alto, junto a las estrellas de Dios, levantaré mi trono, y en el monte del testimonio me sentaré, a los lados del norte; sobre las alturas de las nubes subiré, y seré semejante al Altísimo. Isaías 14:12—14 RVR1960

Hijo de hombre, levanta endechas sobre el rey de Tiro, y dile: Así ha dicho Jehová el Señor: Tú eras el sello de la perfección, lleno de sabiduría, y acabado de hermosura. En Edén, en el huerto de Dios estuviste; de toda piedra preciosa era tu vestidura; de cornerina, topacio, jaspe, crisólito, berilo y ónice; de zafiro, carbunclo, esmeralda y oro; los primores de tus tamboriles y flautas estuvieron preparados para ti en el día de tu creación. Tú, querubín grande, protector, yo te puse en el santo monte de Dios, allí estuviste; en medio de las piedras de fuego te paseabas. Perfecto eras en todos tus caminos desde el día que fuiste creado, hasta que se halló en ti maldad. A causa de la multitud de

tus contrataciones fuiste lleno de iniquidad, y pecaste; por lo que yo te eché
del monte de Dios, y te arrojé de entre las piedras del fuego, oh querubín
protector. Se enalteció tu corazón a causa de tu hermosura, corrompiste tu
sabiduría a causa de tu esplendor; yo te arrojaré por tierra; delante de los
reyes te pondré para que miren en ti. Con la multitud de tus maldades y
con la iniquidad de tus contrataciones profanaste tu santuario; yo, pues,
saqué fuego de en medio de ti, el cual te consumió, y te puse en ceniza sobre
la tierra a los ojos de todos los que te miran. Ezequiel 28:12-18 RVR1960

Entonces, no fue el hombre quien introdujo el pecado sino Satanás. Este peca desde el principio.

El que practica el pecado es del diablo; porque el diablo peca
desde el principio. Para esto apareció el Hijo de Dios, para
deshacer las obras del diablo. 1 Juan 3:8 RVR1960

En el jardín del Edén (Génesis 3), Satanás engaña al hombre al conseguir que este peque, a través de Eva, cuando le ofrece comer del fruto del árbol prohibido, diciéndole que adquiriría la sabiduría, y que no moriría, siendo igual a Dios.

El hombre fue seducido por lo que obtendría y no valoró su desobediencia a Dios, y entonces vemos las consecuencias.

He aquí por donde entra el pecado a la raza humana.

Por tanto, como el pecado entró en el mundo por un hombre, y
por el pecado la muerte, así la muerte pasó a todos los hombres,
por cuanto todos pecaron. Romanos 5:12 RVR1960

Lo que nos queda muy claro es que la fuente y la causa del pecado no es Dios. Que el origen es Satanás y que el hombre, en su caída lo perpetúa en el mundo y lo hereda la raza humana.

Existe el debate entonces de muchos que preguntan. ¿Tiene entonces el diablo poder creativo?

No. El diablo no tiene poder creativo.

Algunos a esto han dicho: ¿Si el diablo no creó el pecado (pues no tiene poder creativo), entonces, ¿fue Dios quien creó el pecado?

A lo que tendría que responder que el pecado en sí es una «perversión».

Es la ausencia de algo bueno.

Todo lo que Dios creó es bueno. Sin embargo, Dios entregó a las criaturas la libertad de escoger entre el bien y la ausencia de este.

La ausencia de la obediencia es desobediencia. Si no hubiera existido la opción para desobedecer y pervertir algo bueno, entonces no hubiéramos tenido completa libertad. En la libertad existe el riesgo de la desobediencia.

El pecado es una perversión.

Entonces para establecer esta verdad sobre el origen del pecado podemos concluir que no fue en este mundo, no fue en el Edén, sino en la esfera angelical[7] por la rebelión de Satanás de su propia posición, quien luego reclutó a otros ángeles para su batalla contra Dios y contra el hombre.

> *Y a los ángeles que no guardaron su dignidad, sino que abandonaron su propia morada, los ha guardado bajo oscuridad, en prisiones eternas, para el juicio del gran día… Judas 1:6* RVR1960

> *Porque si Dios no perdonó a los ángeles que pecaron, sino que arrojándolos al infierno los entregó a prisiones de oscuridad, para ser reservados al juicio… 2 Pedro 2:4* RVR1960

El pecado original

«El pecado original»[8] es un término teológico en hamartiología que se utiliza para explicar que todos los seres humanos han heredado la naturaleza caída de Adán, quien cometió el primer pecado al cometer la transgresión contra Dios y perder la relación privilegiada que tenía con Él (Génesis 3).

Ya expliqué anteriormente de dónde viene el pecado.

Le dije que el pecado no se origina en Dios. Cuando estudiamos la teología del pecado, nos damos cuenta que este al igual que el mal, son ajenos a Dios.

Muy limpio eres de ojos para ver el mal, ni puedes ver el agravio;
¿por qué ves a los menospreciadores, y callas cuando destruye
el impío al más justo que él... Habacuc 1:13 RVR1960

En Dios no hay tinieblas.

Este es el mensaje que hemos oído de él, y os anunciamos: Dios es
luz, y no hay ningunas tinieblas en él. 1 Juan 1:5 RVR1960

Dios no tienta a nadie.

Cuando alguno es tentado, no diga que es tentado de parte
de Dios; porque Dios no puede ser tentado por el mal,
ni él tienta a nadie... Santiago 1:13 RVR1960

Dios es justo y recto.

Él es nuestra Roca, y su obra es perfecta; todos sus caminos
son de justicia. Es el Dios de la verdad, justo y recto; en él
no hay ninguna maldad. Deuteronomio 32:4 RVC

¿Qué aprendí en este capítulo?

_____

_____

_____

_____

_____

_____

Citas bíblicas claves

_____   _____

_____   _____

_____   _____

_____   _____

Para recordar

_____

_____

_____

_____

_____

_____

Cuestionario

Llene los espacios en blanco.

En el jardín del Edén (Génesis 3), _____ engaña al hombre al conseguir que este peque, a través de Eva, cuando le ofrece comer del fruto del árbol prohibido.

El pecado es una _____.

El pecado no se _____ en Dios.

5

LA TEOLOGÍA DEL PECADO

Entraremos en el estudio de siete verdades que nos ayudarán a entender la doctrina del pecado.

1. Culpa heredada: Somos constituidos culpables por el pecado de Adán

Pablo nos enseña que al Adán pecar, la culpa de su pecado es atribuida a todos sus descendientes.

> *Por tanto, como el pecado entró en el mundo por un hombre, y*
> *por el pecado la muerte, así la muerte pasó a todos los hombres,*
> *por cuanto todos pecaron. Romanos 5:12* RVR1960

Aunque todavía no existíamos, ya estábamos representados por Adán como ancestro. De esa manera heredamos por naturaleza el pecado que Adán ha introducido a la raza humana.

Los siguientes dos versículos extienden la explicación de este concepto.

> *Así que, como por la transgresión de uno vino la condenación a todos los*
> *hombres, de la misma manera por la justicia de uno vino a todos los hombres*
> *la justificación de vida. Porque así como por la desobediencia de un hombre*
> *los muchos fueron constituidos pecadores, así también por la obediencia de*
> *uno, los muchos serán constituidos justos. Romanos 5:18-19* RVR1960

Pablo nos está diciendo que Adán, —nuestro representante— por su acción no heredó el pecado. Como dice el texto «por la desobediencia de un hombre los muchos fueron constituidos pecadores».

La completa raza humana estaba siendo representada en Adán. Él era nuestro representante y al pecar, Dios nos consideró culpables «en Adán».

Algunos han protestado a esta idea, diciendo que no es justo que hayamos sido todos representados por Adán. Dicen: ¿Por qué habría Adán de decidir por mí?

Si usamos esta ecuación, entonces también tendríamos que decir que es injusto que seamos representados por Cristo, ¿cierto?

Pero, sí queremos ser representados por Cristo, por lo tanto debemos aceptar que en el día de la transgresión, fuimos representados por Adán.

Debemos siempre tomar en cuenta la justicia de Dios. Dios es justo, y así como permitió que Adán nos pasara el pecado —pues Dios le dio a Adán (la raza humana) la libertad de elegir— ha hecho provisión para por medio de Cristo —el segundo Adán— imputarnos Su justicia.

Este es exactamente el mensaje que Pablo nos trata de transmitir en todo el pasaje. Leamoslo completo para entender el contexto.

Por tanto, como el pecado entró en el mundo por un hombre, y por el pecado la muerte, así la muerte pasó a todos los hombres, por cuanto todos pecaron. Pues antes de la ley, había pecado en el mundo; pero donde no hay ley, no se inculpa de pecado. No obstante, reinó la muerte desde Adán hasta Moisés, aun en los que no pecaron a la manera de la transgresión de Adán, el cual es figura del que había de venir. Pero el don no fue como la transgresión; porque si por la transgresión de aquel uno murieron los muchos, abundaron mucho más para los muchos la gracia y el don de Dios por la gracia de un hombre, Jesucristo. Y con el don no sucede como en el caso de aquel uno que pecó; porque ciertamente el juicio vino a causa de un solo pecado para condenación, pero el don vino a causa de muchas transgresiones para justificación. Pues si por la transgresión de uno solo reinó la muerte, mucho más reinarán en vida por uno solo, Jesucristo, los que reciben la abundancia de la gracia y del don de la justicia. Así que, como por la transgresión de uno vino la condenación a todos los hombres, de la misma manera por la justicia de uno vino a todos los hombres la justificación de vida. Porque

así como por la desobediencia de un hombre los muchos fueron constituidos
pecadores, así también por la obediencia de uno, los muchos serán constituidos
justos. Pero la ley se introdujo para que el pecado abundase; mas cuando
el pecado abundó, sobreabundó la gracia; para que así como el pecado
reinó para muerte, así también la gracia reine por la justicia para vida
eterna mediante Jesucristo, Señor nuestro. Romanos 5:12—21 RVR1960

El tema central de todo el pasaje se pudiera resumir en que, Dios trata con nosotros ya sea como representados por Adán —y por tanto, culpables— o representados por Cristo y por esto, cubiertos por Su justicia.

Siempre debemos poner atención al versículo 19: «Porque así como por la desobediencia de un hombre los muchos fueron constituidos pecadores, así también por la obediencia de uno, los muchos serán constituidos justos».

Esto es a lo que muchos estudiosos llaman «teología federal» del latín «foedus» que puede significar «pacto» o «tratado».

Recuerde que Dios trata con el hombre por medio de pactos. En cada trato, tenemos representantes. Fuimos representados por (el primer) Adán en la caída, y somos representados por Cristo (el segundo Adán) en la restauración.

2. Corrupción heredada: Recibimos una naturaleza pecaminosa de Adán

Además de la culpa jurídica que recibimos por causa del pecado de Adán, también hemos heredado una naturaleza pecaminosa debido a esto.

Esto quiere decir que nacemos corrompidos, y por ese hecho, todos nosotros cometemos pecados. De esta manera se confirma la sentencia de culpabilidad que hemos heredado de Adán.

He aquí, en maldad he sido formado, Y en pecado me
concibió mi madre. Salmos 51:5 RVR1960

Tan angustiado estaba David por causa de su propio pecado que, al mirar hacia atrás en su vida, se da cuenta de que era pecaminoso desde el principio.

Se apartaron los impíos desde la matriz; Se descarriaron
hablando mentira desde que nacieron. Salmos 58:3 RVR1960

Traemos dentro la tendencia a pecar. Nos ha sido heredada. Sin embargo, esto no significa que los seres humanos sean lo más malo que puedan ser.

Las leyes civiles nos ponen limitaciones al pecar. Las buenas enseñanzas que heredamos de nuestros padres, tradiciones de familia, junto a la convicción de la conciencia —todas estas cosas— vienen de la «común gracia» que Dios otorga a todas las personas. Esta «común gracia» pone límites a nuestras tendencias pecaminosas —aunque estas tendencias ya las traemos dentro.

Entonces, no pecamos a cada momento que tenemos la oportunidad, sin embargo sí pecamos bastante.

3. Depravación total: carecemos de la habilidad de hacer lo bueno

El ser humano, por causa de la naturaleza pecaminosa heredada de Adán, no posee virtud propia. No tiene la capacidad de obedecer por sí mismo. Estamos moralmente corrompidos.

> *Como está escrito: No hay justo, ni aun uno; No hay quien entienda, No hay quien busque a Dios. Todos se desviaron, a una se hicieron inútiles; No hay quien haga lo bueno, no hay ni siquiera uno. Romanos 3:10—12* RVR1960

Otra vez, esto no quiere decir que somos tan malos como podemos. Todavía tenemos la imagen y semejanza de Dios en nosotros.

Todavía tenemos Su imagen y semejanza, y somos capaces de hacer actos nobles, buenos y amables.

Sin embargo, debido a que somos enemigos de Dios, incluso estas buenas obras no le agradan, porque no las hacemos para honrarlo.

Esta doctrina es lo que conocemos como «depravación total»[9] formulada y defendida por Agustín[10] y es parte del sistema de cinco doctrinas esenciales ordenadas por Juan Calvino[11], o lo que conocemos por Calvinismo[12].

Robert Reymond dice lo siguiente de esta doctrina:

> *«El hombre en su estado crudo y natural, ya que proviene del útero, es moral y espiritualmente corrupto en disposición y carácter. Cada parte de su ser —su*

mente, su voluntad, sus emociones, sus afectos, su conciencia, su cuerpo— se
ha visto afectada por el pecado (esto es lo que significa la doctrina de la
depravación total). Su entendimiento está entenebrecido, su mente está en
enemistad con Dios, su voluntad de actuar es esclava de su entendimiento
oscurecido y su mente rebelde, su corazón es corrupto, sus emociones son
pervertidas, sus afectos naturalmente gravitan hacia lo que es malo e impío, su
conciencia es indigna de confianza, y su cuerpo está sujeto a la mortalidad»[13].

Vemos esta doctrina a lo largo de la Biblia.

Y vio Jehová que… todo designio de los pensamientos del corazón
de ellos era de continuo solamente el mal. Génesis 6:5 RVR1960

Jehová miró desde los cielos sobre los hijos de los hombres, para
ver si había algún entendido, que buscara a Dios. Todos se
desviaron, a una se han corrompido; No hay quien haga lo
bueno, no hay ni siquiera uno. Salmos 14:2,3 RVR1960

Si bien todos nosotros somos como suciedad, y todas nuestras justicias
como trapo de inmundicia; y caímos todos nosotros como la hoja, y
nuestras maldades nos llevaron como viento. Isaías 64:6 RVR1960

Y él os dio vida a vosotros, cuando estabais muertos en vuestros delitos y
pecados, en los cuales anduvisteis en otro tiempo, siguiendo la corriente
de este mundo, conforme al príncipe de la potestad del aire, el espíritu
que ahora opera en los hijos de desobediencia, entre los cuales también
todos nosotros vivimos en otro tiempo en los deseos de nuestra carne,
haciendo la voluntad de la carne y de los pensamientos, y éramos por
naturaleza hijos de ira, lo mismo que los demás. Efesios 2:1—3 RVR1960

4. Incapacidad total: somos incapaces de hacer bien espiritual en nuestras acciones

Somos incapaces de buscar a Dios por nosotros mismos.

Robert Reymond señala:

«Debido a que el hombre está total o ampliamente corrupto, es incapaz de
cambiar su carácter o de actuar de una manera distinta a su corrupción.

No puede discernir, amar o elegir las cosas que agradan a Dios. Como dice Jeremías: '¿Mudará el etíope su piel, y el leopardo sus manchas? Así también, ¿podréis vosotros hacer bien, estando habituados a hacer mal?'»[14]

¿Mudará el etíope su piel, y el leopardo sus manchas? Así también, ¿podréis vosotros hacer bien, estando habituados a hacer mal? Jeremías 13:23 RVR1960

Veamos otros textos al respecto.

Por cuanto los designios de la carne son enemistad contra Dios; porque no se sujetan a la ley de Dios, ni tampoco pueden; y los que viven según la carne no pueden agradar a Dios. Romanos 8:7,8 RVR1960

Pero el hombre natural no percibe las cosas que son del Espíritu de Dios, porque para él son locura, y no las puede entender, porque se han de discernir espiritualmente. 1 Corintios 2:14 RVR1960

En los cuales el dios de este siglo cegó el entendimiento de los incrédulos, para que no les resplandezca la luz del evangelio de la gloria de Cristo, el cual es la imagen de Dios. 2 Corintios 4:4 RVR1960

5. Todos somos pecadores ante Dios

Los textos sagrados nos enseñan la pecaminosidad universal de la humanidad y nadie está exento.

Mire lo que dice David:

Porque no se justificará delante de ti ningún ser humano. Salmos 143:2 RVR1960

Salomón dice que «no hay hombre que no peque» (1 Reyes 8:46), y Pablo dice que: «Por cuanto todos pecaron, y están destituidos de la gloria de Dios...» (Romanos 3:23).

Existe una corriente hoy en día entre modernos predicadores de gracia que dicen: «No somos pecadores, pues Cristo nos redimió. Somos santos».

De hecho, abogan en contra de llamar pecador a un redimido.

En la superficie suena lógico.

Es cierto que el pecado fue quitado por medio del sacrificio completo de Cristo en la cruz.

Juan dijo: «He aquí el Cordero de Dios, que quita el pecado del mundo» (Juan 1:29).

Sí, Cristo se presentó «para quitar de en medio el pecado» (Hebreos 9:26).

El sacrificio de Cristo en la cruz fue suficiente para pagar por la demanda del pecado. Es decir que Dios —a los que estámos en Cristo— no nos ve como pecadores. Él nos ve justos.

Nuestro espíritu ha sido perfeccionado. Hebreos dice: «...a los espíritus de los justos hechos perfectos...» (Hebreos 12:23). Dios nos perfeccionó con una sola ofrenda para siempre (Hebreos 10:14).

Eso no está en cuestión.

Sin embargo, «en nuestra carne» todavía está la presencia del pecado.

Mire lo que dice Pablo.

> *Porque sabemos que la ley es espiritual; mas yo soy carnal, vendido al pecado. Porque lo que hago, no lo entiendo; pues no hago lo que quiero, sino lo que aborrezco, eso hago. Romanos 7:14,15* RVR1960

¿Por qué es Pablo impulsado a hacer lo que no quiere hacer?

Pablo dice que el pecado mora en él.

> *De manera que ya no soy yo quien hace aquello, sino el pecado que mora en mí. Romanos 7:17* RVR1960

Usted preguntará: ¿Cómo es esto posible? ¿No ha dicho usted que el pecado ha sido quitado?

Sí, ha sido quitado de nuestro espíritu que es en realidad nuestro verdadero ser, pero no de nuestra carne. Pablo nos dice exactamente dónde reside el pecado y es en la carne.

> *Y yo sé que en mí, esto es, en mi carne, no mora el bien; porque el querer el bien está en mí, pero no el hacerlo. Porque no hago el bien que quiero, sino el mal que no quiero, eso hago. Y si hago lo que no quiero, ya no lo hago yo, sino el pecado que mora en mí. Romanos 7:18—20 RVR1960*

Ahí está. Pablo es específico. El pecado todavía mora en nuestra carne.

La diferencia es que ese pecado ya no nos puede condenar, pues Cristo ya pagó por eso en Su muerte «la paga del pecado es muerte» (Romanos 6:23).

Sin embargo, en la carne, y mientras estemos en este «cuerpo de la humillación» (Filipenses 3:21) siempre estará la presencia del pecado, hasta el día en que seremos transformados.

En cuanto a si somos o no pecadores, mire lo que dice Pablo.

> *Palabra fiel y digna de ser recibida por todos: que Cristo Jesús vino al mundo para salvar a los pecadores, de los cuales yo soy el primero. 1 Timoteo 1:15 RVR1960*

6. Somos legalmente culpables ante Dios por causa de un solo pecado

De la manera en que ya lo hemos estudiado, el pecado es una oposición personal a Dios.

No es la grandeza de la ley lo que hace que el pecado merezca castigo, sino la grandeza de Dios que entregó esa ley.

Todos pecamos y pecamos múltiples veces, lo cual es ofensa contra Dios y por lo cual somos responsables. Sin embargo, el juicio y la condenación vienen por un solo pecado —el pecado de nuestro representante Adán.

> *Y con el don no sucede como en el caso de aquel uno que pecó; porque ciertamente el juicio vino a causa de un solo pecado para condenación, pero el don vino a causa de muchas transgresiones para justificación. Romanos 5:16 RVR1960*

Ahora, vea que dice que «el don vino a causa de muchas transgresiones para justificación», lo que significa que aunque Adán pecó y es ese «un pecado» el que vino a condenarnos, nosotros somos responsables por las «muchas transgresiones» y de estas somos perdonados cuando somos justificados.

7. Por causa del pecado, merecemos la ira de Dios

Éramos hijos de ira porque aunque no éramos hijos de desobediencia, andábamos entre ellos y hacíamos lo mismo que ellos.

> *...entre los cuales también todos nosotros vivimos en otro tiempo en los deseos de nuestra carne, haciendo la voluntad de la carne y de los pensamientos, y éramos por naturaleza hijos de ira, lo mismo que los demás. Efesios 2:3* RVR1960

Esto quiere decir que por conducta, merecemos el mismo castigo que los que están afuera.

Así es. La diferencia entre nosotros los creyentes y los que todavía están en el mundo es que Cristo nos extendió misericordia —tuvo con nosotros favor que no merecíamos.

La realidad es que merecemos el mismo castigo que todos. ¡Qué bueno es Dios que no nos da lo que nos merecemos!

Todo lo que ha tomado para escapar del juicio santo es que creímos en Él.

> *El que cree en el Hijo tiene vida eterna; pero el que rehúsa creer en el Hijo no verá la vida, sino que la ira de Dios está sobre él. Juan 3:36* RVR1960

Pero aún en esto no podemos gloriarnos, porque aún la fe que necesitábamos para creer en Cristo nos fue dada.

> *Porque por gracia sois salvos por medio de la fe; y esto no de vosotros, pues es don de Dios... Efesios 2:8* RVR1960

El texto anterior compartido (Juan 3:36) nos dice en su segunda parte «pero el que rehúsa creer en el Hijo no verá la vida, sino que la ira de Dios está sobre él». Es decir, que Dios salva a quienes hemos creído, pero a la vez condena a quienes desprecian ese regalo.

¿Por qué?

Porque al rechazar a Dios por medio del pecado, es sólo justo que recibamos el castigo que este conlleva.

Dios no solamente rechaza el pecado, también derrama Su ira sobre quienes lo han rechazado y despreciado a Él —lo cual es justo.

¿Por qué Dios castigará el pecado?

John Murray explica que Dios no traicionará Su propio carácter.

> *«Ser complaciente con lo que es la contradicción de su propia santidad sería negarse a él mismo. Entonces ese es el correlato de su santidad. Y esto solo dice que la justicia de Dios exige que el pecado reciba su retribución. La pregunta no es en absoluto: ¿Cómo puede Dios, siendo lo que es, enviar a los hombres al infierno? La pregunta es: ¿Cómo puede Dios, siendo lo que es, salvarlos del infierno?»*[15].

¿Qué aprendí en este capítulo?

_____

_____

_____

_____

_____

_____

_____

Citas bíblicas claves

_____   _____

_____   _____

_____   _____

_____   _____

Para recordar

_____

_____

_____

_____

_____

_____

_____

Cuestionario

Llene los espacios en blanco.

Somos constituidos _____ por el pecado de Adán.

Recibimos una naturaleza _____ de Adán.

Somos _____ culpables ante Dios por causa de un solo pecado.

Dios no solamente _____ el pecado, también derrama Su ira sobre quienes lo han rechazado y despreciado a Él —lo cual es justo.

6

LA CONDENACIÓN ETERNA

Conforme a lo dicho en el capítulo anterior, entendemos que Dios castiga el pecado, y esto lo hace porque Él es justo.

Hablaremos ahora de la condenación eterna, lo cual es fruto del pecado.

La consecuencia tan terrible del pecado es que un día todo hombre y mujer tendrá que comparecer delante de Dios en el día del juicio.

Claro que ya Dios ha provisto la opción de que todo aquél que cree en Jesucristo sea librado de este juicio (Juan 3:36) y de la condenación eterna.

En cuanto al juicio, sabemos que Dios es el Juez justo, y que por causa de Su justicia aplicará el veredicto correcto a cada persona[16].

La Biblia nos dice claramente que «…el alma que pecare, esa morirá».

> *El alma que pecare, esa morirá; el hijo no llevará el pecado del padre, ni el padre llevará el pecado del hijo; la justicia del justo será sobre él, y la impiedad del impío será sobre él. Ezequiel 18:20* RVR1960

¿Se deleita Dios en condenarnos?

No. Cuando hablamos de la condenación —aunque está establecida en la Biblia— tenemos que pensar que Dios, además de Juez es justo.

También es un Padre amoroso y nos busca a cada uno para que seamos salvos de esa condenación.

El Señor no retarda su promesa, según algunos la tienen por tardanza,
sino que es paciente para con nosotros, no queriendo que ninguno perezca,
sino que todos procedan al arrepentimiento. 2 Pedro 3:9 RVR1960

Una vez que venimos a Él, esa condenación es quitada completamente.

Por lo tanto, ya no hay condenación para los que
pertenecen a Cristo Jesús… Romanos 8:1 NTV

La *Reina Valera 1960* añade algo a ese texto, y pudiéramos pensar que esa no condenación está condicionada.

Ahora, pues, ninguna condenación hay para los que están
en Cristo Jesús, los que no andan conforme a la carne,
sino conforme al Espíritu. Romanos 8:1 RVR1960

Aunque se pudiera explicar fácilmente, pues «andar conforme a la carne» conforme a Pablo en este contexto se refiere a «tratar de justificarnos conforme a la ley» (ver Romanos 8:3,4; Gálatas 3:3; Filipenses 3:3—5) si embargo, no sería necesario esta explicación, porque la segunda parte de Romanos 8:1 no aparece en los manuscritos más antiguos. De hecho, traducciones hechas después del descubrimiento de dichos manuscritos (incluyendo los del Mar Muerto[17]) no incluyen esa segunda parte del versículo.

Sólo se lee como lo mencioné anteriormente usando la Nueva Traducción Viviente. «Por lo tanto, ya no hay condenación para los que pertenecen a Cristo Jesús» (Romanos 8:1 NTV).

Así es, no hay ninguna condenación para los que estamos en Cristo Jesús. Y los que no están, ya han sido condenados.

El que en él cree, no es condenado; pero el que no cree,
ya ha sido condenado, porque no ha creído en el nombre
del unigénito Hijo de Dios. Juan 3:18 RVR1960

Es decir, que para evitar la condenación, Dios estableció que Su gracia pudiera llegar a alcanzar a todos los que confían en Él y ponen su fe en la obra redentora del Hijo de Dios.

¿Qué aprendí en este capítulo?

_____

_____

_____

_____

_____

_____

Citas bíblicas claves

_____   _____

_____   _____

_____   _____

_____   _____

Para recordar

_____

_____

_____

_____

_____

Cuestionario

Llene los espacios en blanco.

Dios _____ el pecado, y esto lo hace porque Él es justo.

Dios ha provisto la opción de que todo aquél que cree en Jesucristo sea librado de este _____.

Dios es un Padre amoroso y nos busca a cada uno para que seamos salvos de esa _____.

Dios estableció que Su _____ pudiera llegar a alcanzar a todos los que confían en ÉL.

7

CONSECUENCIAS DEL PECADO EN EL CRISTIANO

¿Produce el pecado consecuencias en la vida del creyente?

Sí. Pero veamos cómo.

Cuando una persona viene a Cristo, todas las cosas son hechas nuevas.

> *De modo que si alguno está en Cristo, nueva criatura es; las cosas viejas pasaron; he aquí todas son hechas nuevas. 2 Corintios 5:17* RVR1960

El pecado ha sido perdonado y Dios no se acuerda más. Es decir, que por un misterio de Su soberanía, el Dios que todo lo sabe, decide olvidar los pecados pasados.

> *Porque seré propicio a sus injusticias, Y nunca más me acordaré de sus pecados y de sus iniquidades... Hebreos 8:12* RVR1960

> *...añade: Y nunca más me acordaré de sus pecados y transgresiones. Hebreos 10:17* RVR1960

¿Y qué de los pecados que cometemos después que venimos a Cristo?

De igual manera, la gracia que fue suficiente para salvarnos, es suficiente para mantenernos salvos.

> *Porque si siendo enemigos, fuimos reconciliados con Dios por la muerte de su Hijo, mucho más, estando reconciliados,*

seremos salvos por su vida. Romanos 5:10 RVR1960

En otras palabras. No calificábamos para ser salvos y Su gracia fue suficiente para salvarnos, de la misma manera que no calificamos para mantenernos salvos y Su gracia nos mantiene salvos. Gracia para salvarnos y gracia para preservarnos salvos.

Nuestros pecados, todos, los que cometimos antes de venir a Cristo y los que cometemos ahora que somos salvos —todos— están cubiertos por la misma sangre de Cristo.

Su sacrificio fue hecho una sola vez y para siempre.

> *...porque con una sola ofrenda hizo perfectos para siempre a los santificados. Hebreos 10:14* RVR1960

¿Entonces, cuáles son las consecuencias? ¿Somos castigados cuando fallamos?

No puedo decir que somos castigados como es castigado el pecador no redimido, porque para los que estamos en Cristo, ya Él fue castigado en lugar nuestro.

> *...el castigo de nuestra paz fue sobre él... Isaías 53:5* RVR1960

No podemos ser castigados, porque Cristo ya fue castigado en lugar nuestro, pero sí podemos ser corregidos, porque el Padre que ama corrige.

¿Entonces habrán o no consecuencias por el pecado?

Sí habrá consecuencias, porque aunque el Señor ha sido ya castigado en lugar nuestro, de todas formas, el pecado produce consecuencias naturales.

Por ejemplo. Si tiene usted una relación sexual fuera del matrimonio, ese adulterio puede ser perdonado, pero la vergüenza traerá daños.

Además, la mujer puede quedar embarazada y como resultado dar a luz a una criatura fuera del matrimonio.

O, puede usted tener una relación sexual con alguien sin estar casados y contraer una enfermedad venérea.

O, tomar alcohol y emborracharse con frecuencia. Dios perdonará las borracheras, pero su hígado puede quedar dañado por el alcohol. Además de los problemas emocionales y financieros que producen las adicciones.

Pudiera hacer aquí una larga lista de consecuencias naturales que vendrán por causa del pecado.

El pecado daña, produce aflicciones y tristezas, destruye relaciones, aflige el alma y maltrata el entendimiento.

La buena noticia es que existe el perdón y la restauración. Nuestro Dios ha hecho provisión que podemos encontrar en Su Palabra, en la intercesión de Cristo por nosotros, y en el Espíritu Santo que mora en nuestro interior[18].

¿Qué aprendí en este capítulo?

_____

_____

_____

_____

_____

_____

Citas bíblicas claves

_____   _____

_____   _____

_____   _____

_____   _____

Para recordar

_____

_____

_____

_____

_____

_____

_____

Cuestionario

Llene los espacios en blanco.

Cuando una persona viene a Cristo, todas las cosas son hechas _____.

Cuando una persona viene a Cristo, el pecado ha sido perdonado y Dios no se _____ más de ese pecado.

Nuestros pecados, todos, los que cometimos antes de venir a Cristo y los que cometemos ahora que somos salvos —todos— están cubiertos por la misma _____ de Cristo.

8

LA DISCIPLINA

Cuando el cristiano peca no pierde su salvación.

Nuestra salvación está segura en Cristo.

Usted preguntará: ¿Y qué del que permanece en pecado o se deleita en pecar continuamente?

Evidentemente esas no son actitudes de alguien que ha nacido de nuevo.

El creyente falla, pero a la vez sufre y se contrista por esa desobediencia. El verdadero creyente no se deleita en pecar. Podrá haber una debilidad, o el engaño de una tentación, pero el creyente en Cristo sufrirá congoja por dicha desobediencia y en eso sabemos que el Espíritu está dentro de nosotros.

Además, el Padre que ama nos corrige y disciplina.

Leamos detenidamente este texto en Hebreos y después haré algunos comentarios sobre la disciplina.

> *Porque el Señor al que ama, disciplina, Y azota a todo el que recibe por hijo. Si soportáis la disciplina, Dios os trata como a hijos; porque ¿qué hijo es aquel a quien el padre no disciplina? Pero si se os deja sin disciplina, de la cual todos han sido participantes, entonces sois bastardos, y no hijos. Por otra parte, tuvimos a nuestros padres terrenales que nos disciplinaban, y los venerábamos. ¿Por qué no obedeceremos mucho mejor al Padre de los espíritus, y viviremos? Y aquéllos, ciertamente por pocos días nos disciplinaban*

como a ellos les parecía, pero éste para lo que nos es provechoso, para que participemos de su santidad. Es verdad que ninguna disciplina al presente parece ser causa de gozo, sino de tristeza; pero después da fruto apacible de justicia a los que en ella han sido ejercitados. Hebreos 12:6—11 RVR1960

Primero debo decir que Dios no nos disciplina para golpearnos, avergonzarnos, o maltratarnos. Esas son ideas de hombres impulsadas por la religión legalista.

El propósito de la disciplina es enseñarnos, corregir nuestros errores y mostrarnos un camino más excelente.

Beneficios de la disciplina

1. La disciplina es una demostración del amor de Dios

Porque el Señor al que ama, disciplina... Hebreos 12:6 RVR1960

2. La disciplina es evidencia de que somos hijos

¿qué hijo es aquel a quien el padre no disciplina? Pero si se os deja sin disciplina, de la cual todos han sido participantes, entonces sois bastardos, y no hijos. Hebreos 12:7,8 RVR1960

3. La disciplina es para protegerme

El Señor quiere asegurar nuestra larga vida en Él, y para esto quitará de en medio aquellas cosas que puedan acortar ese plan.

¿Por qué no obedeceremos mucho mejor al Padre de los espíritus, y viviremos? Hebreos 12:9 RVR1960

4. La disciplina es porque Dios quiere que participemos de Su santidad

Y aquéllos, ciertamente por pocos días nos disciplinaban como a ellos les parecía, pero éste para lo que nos es provechoso, para que participemos de su santidad. Hebreos 12:10 RVR1960

5. La disciplina produce una tristeza a corto plazo pero gozo a largo plazo

Quita de nosotros la gratificación instantánea que caracteriza al pecado.

Es verdad que ninguna disciplina al presente parece ser causa de gozo, sino de tristeza; pero después da fruto apacible de justicia a los que en ella han sido ejercitados. Hebreos 12:11 RVR1960

Porque la tristeza que es según Dios produce arrepentimiento para salvación, de que no hay que arrepentirse; pero la tristeza del mundo produce muerte. 2 Corintios 7:10 RVR1960

Note en este último versículo que esa tristeza produce arrepentimiento. Esa es la meta final de la disciplina, hacernos regresar al gozo saludable que viene de una conciencia limpia.

...acerquémonos con corazón sincero, en plena certidumbre de fe, purificados los corazones de mala conciencia... Hebreos 10:22 RVR1960

Hemos visto en este tomo todo lo relacionado con el pecado. Las malas noticias de todo lo malo que este trae. Las consecuencias de la desobediencia y el dolor causado a la humanidad. También brevemente he mencionado la esperanza de libertad del pecado que solo se puede encontrar en Cristo y a esto último dedicaremos el siguiente tomo completo el cual se titula: *Soteriología: La doctrina de la redención.*

Seguimos adelante.

¿Qué aprendí en este capítulo?

_____

_____

_____

_____

_____

_____

Citas bíblicas claves

_____   _____

_____   _____

_____   _____

_____   _____

Para recordar

_____

_____

_____

_____

_____

_____

Cuestionario

Llene los espacios en blanco.

Nuestra salvación está _____ en Cristo.

El creyente falla, pero a la vez sufre y se _____ por esa desobediencia.

El propósito de la disciplina es _____, corregir nuestros errores y mostrarnos un camino más excelente.

La disciplina es una _____ del amor de Dios.

La disciplina es para _____.

La disciplina produce una _____ a corto plazo pero gozo a largo plazo.

La _____ final de la disciplina, [es] hacernos regresar al gozo saludable que viene de una conciencia limpia.

Notas

Por ser publicado primero en Estados Unidos, las fechas de captura debajo se escriben en el orden: Mes-Día-Año. Las citas tienen formato uniforme, sólo cuando es posible, pues hemos respetado la manera en que algunas fuentes prefieren ser citadas, y esto a veces difiere de los formatos convencionales.

Hamartiología: La doctrina del Pecado

1. Berkhof, Louis. (2009) Teología Sistemática. (p. 260) Grand Rapids, Michigan, EE.UU. Libros Desafío.

2. González, Justo. (1994) Historia del Cristianismo. (Vol.1 p. 106) Miami, EE.UU. Unilit.

3. Erickson, Millard. (2008) Teología Sistemática. (p. 582) Viladecavalls, España. Editorial CLIE.

4. Vine, W.E. (1999) Diccionario expositivo de palabras del Antiguo y del Nuevo Testamento, Exhaustivo. (p. 132) Nashville, TN. Editorial Caribe.

5. Vila, Samuel. (1985) Nuevo Diccionario Bíblico Ilustrado. (p. 898) Terrasa, Barcelona, España. Editorial CLIE.

6. Ryrie, Charles C. (1993) Teología Básica. (p. 241) Miami, FL. Editorial Unilit.

7. Berkhof, (Febrero 7, 2017) Systematic Theology. (p. 262) GLH Publishing.

8. González, Justo L. (2008) Diccionario Manual Teológico. (p. 216) Viladecavalls, Barcelona, España. Editorial CLIE.

9. La depravación total (también llamada incapacidad total o corrupción total) es una doctrina bíblica estrechamente vinculada con la doctrina del pecado original, tal como la formalizó Agustín y la defendió en muchas confesiones de fe y catecismos protestantes, especialmente en el calvinismo. La doctrina entiende que la Biblia enseña que, como consecuencia de la Caída del hombre, toda persona nacida en el mundo es moralmente corrupta, esclavizada al pecado y, aparte de la gracia de Dios, es completamente incapaz de elegir seguir a Dios o seguir a Dios. elija volverse a Cristo con fe para la salvación. https://www.theopedia.com/total-depravity (Capturado Marzo 10,2021).

10. Agustín. Aurelius Augustinus (354 - 430) a menudo se conoce simplemente como San Agustín o Agustín Obispo de Hipona (el nombre antiguo de la ciudad moderna

de Annaba en Argelia). Él es el "Doctor de la Iglesia" preeminente según el catolicismo romano, y los protestantes evangélicos lo consideran en la tradición del apóstol Pablo como la fuente teológica de la enseñanza de la Reforma sobre la salvación y la gracia. https://www.theopedia.com/augustine-of-hippo (Capturado Marzo 10,2021).

11. Juan Calvino (1509-1564) fue un destacado teólogo francés durante la Reforma protestante y el padre del sistema teológico conocido como calvinismo. Martín Lutero y Calvino son posiblemente los arquitectos más importantes de la Reforma. "Si Lutero tocó la trompeta para la reforma, Calvino orquestó la partitura mediante la cual la Reforma se convirtió en parte de la civilización occidental". https://www.theopedia.com/john-calvin (Capturado Marzo 10,2021).

12. Calvinismo. El calvinismo es el sistema teológico asociado con el reformador Juan Calvino que enfatiza el gobierno de Dios sobre todas las cosas como se refleja en su comprensión de las Escrituras, Dios, la humanidad, la salvación y la iglesia. En la lengua vernácula popular, el calvinismo a menudo se refiere a los cinco puntos de la doctrina calvinista con respecto a la salvación, que componen el acróstico TULIP. En su sentido más amplio, el calvinismo está asociado con la teología reformada. https://www.theopedia.com/calvinism (Capturado Marzo 10,2021).

13. Reymond, Robert (1998) A New Systematic Theology of the Christian Faith. (p. 450) Nashville. Thomas Nelson.

14. Ibid, página 453.

15. Murray, John. (1997) The Nature of Sin en Collected Writings of John Murray (Vol. 2 pp.81-82) Edinburgh. Banner of Truth.

16. Trenchard, Ernesto H. (1976) Estudios de doctrina bíblica. (p. 32) Editorial Portavoz.

17. Los Rollos del Mar Muerto. En 1947, en una oscura cueva al oeste del Mar Muerto, pastores beduinos descubrieron algunos pergaminos cuidadosamente colocados en diez tarros altos. No sabían lo que habían descubierto, pero vendieron los pergaminos a un vendedor cercano. Este fue el capítulo inicial de un asombroso hallazgo arqueológico; eventualmente unos 800 manuscritos diferentes se encontrarían en once cuevas cerca del valle llamado Wadi Qumran. En total, se recuperaron unos 60.000 fragmentos, porciones o rollos completos de estos 800 manuscritos, cubriendo muchos temas.

Se encontraron fragmentos o copias completas de todos los libros del Antiguo Testamento, excepto Ester. Habían sido colocados en estas cuevas alrededor de la mitad del primer siglo dC, y el hecho asombroso es que habían permanecido allí inalterados ¡por 1900 años! ¿Pero por qué son tan importantes para nosotros estos Rollos del Mar Muerto? La razón es que antes de este descubrimiento los manuscritos más antiguos de los textos bíblicos datan del siglo IX después de Cristo. Eran copias de copias anteriores que se habían perdido hacía tiempo.

Pero ahora, por ejemplo, tenemos un rollo del libro completo de Isaías que data del segundo siglo antes de Cristo. Es mil años mayor que cualquier otro documento de la Escritura hebrea anterior que teníamos antes de 1947.

Los Rollos del Mar Muerto han proporcionado una enorme luz para los traductores de la Biblia. El texto bíblico que tenemos hoy es claramente confiable y fundamentado de estos rollos antiguos. El reto que enfrentamos al responder a este maravilloso hallazgo es poner nuestra fe en la Palabra de Dios y en Su provisión de luz en nuestro camino para el tiempo y la eternidad.

Leer más en: https://www.biblica.com/america-latina/biblia/preguntas-frecuentes/que-son-los-rollos-del-mar-muerto/ (Capturado Marzo 10,2021).

18. Chafer, Teología Sistemática, I: 767. Publicado por CLIE (Febrero 23, 2010)

Otros créditos (para toda la serie)

Aparte de las citas respectivas arriba, tuve la bendición de consultar varios libros y escritos. Algunos de estos me ayudaron a explicar definiciones y otros a ordenar los temas teológicos de manera comprensible al lector. A estos, quiero extender mis más sinceros agradecimientos y debido crédito*.

- Chafer, Lewis S. (Febrero 23, 2010) Teología Sistemática CLIE.

- Berkhof, Louis. Manual de doctrina reformada. Grand Rapids, Michigan. Libros Desafío.

- MacArthur, John. Mayhue, Richard. (Junio 19, 2018) Teología sistemática: Un estudio profundo de la doctrina bíblica. Editorial Portavoz.

- Wiley, H. Orton. (2012) Teología Cristiana. Tomo 1. Casa Nazarena de Publicaciones. Título original: Christian Theology. (Vol. 1. Primera edición) Global Nazarene Publications.

- Pearlman, Myer. (April 1, 1992) Teología bíblica y sistemática. Vida.

- Dever, Mark. (2018) Clases esenciales: Teología

Sistemática. Capitol Hill Baptist Church.

- Guzmán Martínez, Grecia. Gnosticismo: qué es esta doctrina religiosa y qué ideas sostiene. Este conjunto de sistemas de religión se basa en los intentos de pasar de la fe al conocimiento. https://psicologiaymente. com/cultura/gnosticismo (Capturado Junio 9, 2021).

- Rufat, Pastor Gilberto. (Abril 28, 2015) Teología bautista reformada 1689. Reformado 365. https://gilbertorufat.blogspot.com/2015/04/todas-las-cosas-que-pertenecen-la-vida.html (Capturado Junio 9, 2021).

- La condición del hombre (el pecado). Lección 1. Julio 22, 2020. Ministerio Hacedores. http://ministerioshacedores.org/2020/07/22/leccion-1-la-condicion-del-hombre-el-pecado/ (Capturado Junio 9, 2021).

- Rodriguez, Josue D. Doctrina de la Palabra - Parte 2. Faithlife Sermons. https://sermons.faithlife.com/sermons/365810-doctrina-de-la-palabra-parte-2 (Capturado Junio 9, 2021).

- ¿Qué es la revelación general? ¿Cuál es revelación especial? Compelling Truth. https://www.compellingtruth.org/Espanol/revelacion-especial-general.html (Capturado Junio 9, 2021).

- Driscoll, Mark. ¿Quién escribió la Biblia? Real Faith by Mark Driscoll. https://realfaith.com/what-christians-believe/wrote-bible/?translation=spanish (Capturado Mayo 28, 2021).

- El Español de América. Escritores.org https://www.escritores.org/recursos-para-escritores/recursos-2/articulos-de-interes/31880-el-espanol-de-america (Capturado Mayo 28, 2021).

- Teijero Páez, Dr. Sergio. (Marzo 2016) Inteligencia Espiritual: La Suprema de las Inteligencias. Caracas.

- Núñez, Miguel. (Enero 10, 2019) Los atributos comunicables de Dios. Coalición por el Evangelio. https://www.coalicionporelevangelio.org/articulo/los-atributos-comunicables-dios/ (Capturado Mayo 28, 2021).

- Gossack, Julie. (2002, 2012) El Carácter Y Atributos De Dios. https://docplayer.es/51942361-El-caracter-y-atributos-de-dios.html (Capturado Mayo 28, 2021).

- Deffinbaugh, Robert L. La Sabiduría de Dios. https://bible.org/seriespage/la-sabidur%C3%ADa-de-dios (Capturado Mayo 28, 2021).

- Reyes, Wilfor Galindo. La Importancia de la Santidad de Dios. Los atributos de Dios. Faithlife Sermons. https://sermons.faithlife.com/sermons/207642-la-importancia-de-la-santidad-de-dios (Capturado Junio 9, 2021).

- Credo de Nicea. Archdiocese of Washington. https://adw.org/catholic-prayer/es-credo-de-nicea/ (Capturado Junio 9, 2021).

- Catecismo de Heidelberg. Reformed Church in America. https://www.rca.org/about/theology/creeds-and-confessions/the-heidelberg-catechism/catecismo-de-heidelberg/ (Capturado Junio 9, 2021).

- Clemente de Roma: Mártir, escritor y líder de la iglesia. Listen Notes. https://www.listennotes.com/podcasts/bite/58-clemente-de-roma-m%C3%A1rtir-paDjZS2VYrM/ (Capturado Junio 9, 2021).

- Enduring World Bible Commentary. Comentario Bíblico. Romanos 3. Justificados libremente por Su gracia. https://es.enduringword.com/comentario-biblico/romanos-3/ (Capturado Junio 9, 2021).

- Piper, John. (Septiembre 27, 1998) Las manifestaciones de Dios eliminan la excusa por haber dejado de adorar. Desiring God. https://www.desiringgod.org/messages/displays-of-god-remove-the-excuse-for-failed-worship (Capturado Junio 9, 2021).

- ¿Es Dios real? ¿Cómo puedo saber con seguridad que Dios es real? Got Questions? https://www.gotquestions.org/Espanol/Es-Dios-real.html (Capturado Junio 9, 2021).

- Warren, Rick. (Marzo 30, 2017) Conocemos la Verdad de Dios a través de la Conciencia. https://pastorrick.com/conocemos-la-verdad-de-dios-a-traves-de-la-conciencia/ (Capturado Junio 9, 2021).

- Keathley III, Th.M., J. Hampton. (Abril 18, 2005) Las Epístolas No Paulinas. https://bible.org/seriespage/las-ep%C3%ADstolas-no-paulinas (Capturado Junio 9, 2021).

- Buntin, Charles T. (Febrero 3, 2006) La Persona de Cristo. https://bible.org/seriespage/la-persona-de-cristo (Capturado Mayo 28, 2021).

- El Dios que se volvió un ser humano. Enero 26, 2011 Por United Church of God https://espanol.ucg.org/herramientas-de-estudio/folletos/la-verdadera-historia-de-jesucristo/el-dios-que-se-volvio-un-ser-humano (Capturado Mayo 28, 2021).

- ¿La unicidad o la Trinidad de Dios? Una evaluación de la posición de la Iglesia Pentecostal Unida con respecto al Hijo de Dios desde una perspectiva trinitaria. Por Jonathan Boyd – 2013 http://impactobiblico. com/2013/08/la-unicidad-la-trinidad-dios/ (Capturado Mayo 28, 2021).

- Si Jesús es Dios porque dijo: ¿Padre en tus manos encomiendo mi Espíritu? Por Fredy Delgado. https://sites.google.com/site/elmundobiblico/ dios-mio-dios-mio/si-jesus-es-dios-porque-dijo-padre-en-tus-manos-encomiendo-mi-espiritu (Capturado Mayo 28, 2021).

- El Credo de Calcedonia. https://sujetosalaroca.org/2007/11/14/ el-credo-de-calcedonia/ (Capturado Mayo 28, 2021).

- Woodward, John. El Nacimiento Virginal (Tercera Parte). Notas De Gracia. https://gracenotebook.com/es/el-nacimiento-virginal-tercera-parte/ (Capturado Mayo 28, 2021).

- Reyes-Ordeix, Gabriel. (Abril 26, 2017) 6 beneficios de utilizar credos. Coalición por el Evangelio. https://www.coalicionporelevangelio.org/ articulo/6-beneficios-de-utilizar-credos/ (Capturado Mayo 28, 2021).

- Hole, F. B. (Febrero 2011) La Deidad y La Humanidad De Cristo. Traducido del Inglés por: B.R.C.O.. http://www. graciayverdad.net/id24.html (Capturado Mayo 28, 2021).

- Piper, John. (November 2, 2008) Contemplamos Su gloria, lleno de gracia y de verdad. https://www.desiringgod.org/messages/we-beheld-his-glory-full-of-grace-and-truth?lang=es (Capturado Mayo 28, 2021).

- Motta Ochoa, Alberto. La Persona de Jesús, Cristologia. https:// www.monografias.com/trabajos92/persona-jesus-cristologia/ persona-jesus-cristologia.shtml (Capturado Mayo 28, 2021).

- Deffinbaugh, Robert L. La Santidad de Dios. https://bible.org/ seriespage/la-santidad-de-dios (Capturado Mayo 28, 2021).

- El Credo de los Apóstoles. http://es.btsfreeccm.org/local/lmp/ lessons.php?lesson=APC1text (Capturado Mayo 28, 2021).

- MacArthur, John. (2013) Fuego Extraño. Nashville, Tennessee, Estados Unidos de América. Grupo Nelson, Inc.

- Rubilar, Néstor. (Julio 10, 2017) Juan Calvino, el teólogo del Espíritu Santo. https://pensamientopentecostal.wordpress.com/2017/07/10/calvino-el-teologo-del-espiritu-santo-por-nestor-rubilar/ (Capturado Junio 1, 2021).

- Holder, John. Manifestaciones, Ministerios, Operaciones. Las Obras del Espíritu Santo; Espíritus Angelicales, Dones del Ministerio y Crecimiento Espiritual. https://ltfipj.tripod.com/PAGE8SP.htm (Capturado Junio 1, 2021).

- Falsificación del Don de Lenguas. Iglesia.Net https://www.iglesia.net/estudios-biblicos/doctrina/falsificacion-del-don-de-lenguas (Capturado Junio 1, 2021).

- El Bautismo en el Espíritu Santo. (Adoptada por el Presbiterio General en sesión el 9-11 de agosto de 2010). https://ag.org/es-ES/Beliefs/Position-Papers/Baptism-in-the-Holy-Spirit (Capturado Junio 1, 2021).

- Rivera, Franklin. Dones Complementarios (Romanos 12.1-8). https://sermons.faithlife.com/sermons/373983-dones-complementarios-(romanos-12.1-8) (Capturado Junio 1, 2021).

- Artemi, Eirini. (2018) El gran tratado de Basilio sobre el Espíritu Santo. (Vol. 21 pp. 7-24) Medievalia [en línea]. https://www.raco.cat/index.php/Medievalia/article/view/350969 (Capturado Junio 1, 2021).

- Diversidad de dones espirituales (1 Corintios 12:4-11). Walter Cuadra. https://www.mundobiblicoelestudiodesupalabra.com/2017/07/diversidad-de-dones-espiritual.html (Capturado Junio 1, 2021).

- ¿Cuándo recibimos el Espíritu Santo? CompellingTruth.org https://www.compellingtruth.org/Espanol/Recibir-al-Espiritu-Santo.html (Capturado Junio 1, 2021).

- El Espíritu Santo y la Santificación. ConocimientoBíblico.Com http://www.conocimientobiblico.com/el-esp-ritu-santo-y-la-santificaci-n2.html (Capturado Junio 1, 2021).

- Teología Bautista. (Noviembre 15, 2014). Doctrina del hombre (antropología). http://teologiabautista.blogspot.com/2014/11/doctrina-del-hombre-antropologia.html (Capturado Mayo 28, 2021).

- MacArthur, John; Mayhue, Richard. (Junio 19, 2018) Teología sistemática: Un estudio profundo de la doctrina bíblica. Editorial Portavoz.

- Woznicki, Chris. (Octubre 26, 2020) ¿Qué dice la Biblia sobre el alma? https://www.coalicionporelevangelio.org/articulo/que-dice-la-biblia-sobre-el-alma/ (Capturado Mayo 28, 2021).

- Cómo entender la 'imagen de Dios'. (Febrero 17, 2011) United Church of

God. https://espanol.ucg.org/herramientas-de-estudio/folletos/quien-es-dios/como-entender-la-imagen-de-dios (Capturado Junio 1, 2021).

- MacArthur, John. (2011) La Evangelización. Cómo Compartir El Evangelio con Fidelidad. Nashville, Tennessee, Estados Unidos de América. Grupo Nelson, Inc.

- Casas, David. Fuller, Russell. (Febrero 20, 2015) ¿Nuestro cuerpo está hecho a imagen de Dios? https://answersingenesis.org/es/biblia/nuestro-cuerpo-esta-hecho-imagen-de-dios/ (Capturado Junio 1, 2021).

- Padilla, Carlos. (2020) Hamartiología. ¿Qué es el pecado? https://www.jesucristo.net/hamartiologia-que-es-el-pecado/ (Capturado Junio 7, 2021).

- Deffinbaugh, Robert L. La Caída del Hombre Gen 3:1–24. https://bible.org/seriespage/la-ca%C3%ADda-del-hombre-gen-31%E2%80%9324 (Capturado Junio 7, 2021).

- Soteriología. Doctrina de salvación. http://www.knowingjesuschrist.com/languages/spanish-espanol/biblia-estudia-bible-studies/164-doctrinas-biblicas/321-soteriologia-doctrina-de-salvacion (Capturado Junio 7, 2021).

- Masters, Dr. Peter. La caída del hombre. Londres. Tabernáculo Metropolitano. https://www.metropolitantabernacle.org/Espanol/Articulos/La-Caida-de-Adan (Capturado Junio 7, 2021).

- Piper, John. (Agosto 19, 2001) Desiring God. https://www.desiringgod.org/messages/who-is-this-divided-man-part-5 (Capturado Junio 7, 2021).

- Deffinbaugh, Robert L. La Soberanía de Dios en la Salvación (Romanos 9:1-24) https://bible.org/seriespage/la-soberan%C3%AD-de-dios-en-la-salvaci%C3%B3n-romanos-91-24 (Capturado Junio 7, 2021).

- Cuadra, Walter. Soteriología: La Doctrina de la Salvación. https://www.mundobiblicoelestudiodesupalabra.com/2018/08/soteriologia-la-doctrina-de-la-salvacion.html?m=1 (Capturado Junio 7, 2021).

- Rosell, Miguel. Soteriología. Introducción A La Doctrina De La Salvación. https://fulgurando.blogspot.com/p/soteriologia.html (Capturado Junio 7, 2021).

- Barrios, Josué. (Enero 5, 2015) ¿Qué es la Soteriología y Por Qué es Importante Para Todos Los Cristianos? https://josuebarrios.com/soteriologia/ (Capturado Junio 7, 2021).

- Deem, Rich. La Justificación. https://www.godandscience.org/doctrine/justify-es.html (Capturado Junio 7, 2021).

- La Seguridad de la Salvación. (Adoptada por el Presbiterio General en sesión el 5-7 de agosto de 2017). El Concilio General de las Asambleas de Dios. https://ag.org/es-ES/Beliefs/Position-Papers/Assurance-Of-Salvation (Capturado Junio 7, 2021).

- Piper, John. (Junio 23, 2002) Todas las cosas para bien, parte 3. Desiring God. https://www.desiringgod.org/messages/all-things-for-good-part-3?lang=es (Capturado Junio 7, 2021).

- Soteriología. La Doctrina de la Salvación. La Palabra de Dios https://lapalabradediosve.wordpress.com/doctrina-biblica/soteriologia/ (Capturado Junio 7, 2021).

- Soteriología. Doctrina de salvación. http://www.knowingjesuschrist.com/languages/spanish-espanol/biblia-estudia-bible-studies/164-doctrinas-biblicas/321-soteriologia-doctrina-de-salvacion (Capturado Junio 7, 2021).

- Cardoza, Angel. (Mayo 5, 2015) Martín Lutero y la Seguridad de la Salvación. https://evangelio.blog/2015/05/05/martn-lutero-y-la-seguridad-de-la-salvacin/ (Capturado Junio 7, 2021).

- Leighton, Matthew. (Julio 26, 2018) La justificación: ¿qué es y qué hace? https://www.coalicionporelevangelio.org/articulo/la-justificacion-que-es-y-que-hace/ (Capturado Junio 7, 2021).

- Esqueda, Octavio. (Septiembre 13, 2012) Jesús es nuestra esperanza. Biola University. https://www.biola.edu/blogs/good-book-blog/2012/jesus-es-nuestra-esperanza (Capturado Junio 7, 2021).

- Piper, John. (Marzo 9, 2008) Ninguno que es nacido de Dios practica el pecado. Desiring God. https://www.desiringgod.org/messages/no-one-born-of-god-makes-a-practice-of-sinning?lang=es (Capturado Junio 7, 2021).

- Macleod, Donald. (Abril 21, 2016) Adopción: Un nuevo padre y un nuevo corazón. https://www.coalicionporelevangelio.org/articulo/adopcion-un-nuevo-padre-y-un-nuevo-corazon/ (Capturado Junio 7, 2021).

- Piper, John. (Diciembre 9, 2001) Lo que significa cumplir la ley en Romanos 8:3-4. Desiring God. Doce Tesis. https://www.desiringgod.org/messages/what-does-it-mean-to-fulfill-the-law-in-romans-8-3-4?lang=es (Capturado Junio 7, 2021).

- El Cuerpo De Cristo. Casa de Adoración. https://www.casadeadoracion.us/single-post/2018/10/19/EL-CUERPO-DE-CRISTO (Capturado Junio 12, 2021).

- Guzik, David. (2016) 1 Corintios 12 – Diversidad y Unidad en Dones Espirituales. https://www.blueletterbible.org/Comm/guzik_david/spanish/StudyGuide_1Co/1Co_12.cfm (Capturado Junio 12, 2021).

- Ser Discípulos: Aprende A Defender Tu Fe. (4 de Septiembre de 2008) https://elforocofrade.es/index.php?threads/ser-disc%C3%8Dpulos-aprende-a-defender-tu-fe.2147/page-2 (Capturado Junio 12, 2021).

- La santa cena. El cristianismo primitivo. http://www.elcristianismoprimitivo.com/doct38.htm (Capturado Junio 12, 2021).

- El Bautismo Cristiano. Publications. A Ministry of COG7.org https://publications.cog7.org/tracts-books/tracts/biblical-studies/el-bautismo-cristiano/ (Capturado Junio 12, 2021).

- Espinoza, Alberto. A La Iglesia Que Está En Tu Casa. Faithlife Sermons. https://sermons.faithlife.com/sermons/569282-a-la-iglesia-que-esta-en-tu-casa (Capturado Junio 12, 2021).

- ¿Cuál es la importancia del bautismo cristiano? Got Questions. https://www.gotquestions.org/Espanol/Bautismo-cristiano.html (Capturado Junio 12, 2021).

- Cena del Señor. (Junio 27, 2015) Plenitud de Vida. https://plenituddevida.com.mx/cena-del-senor/ (Capturado Junio 12, 2021).

- ¿La Biblia enseña el bautismo del creyente o credobautismo? Got Questions. https://www.gotquestions.org/Espanol/bautismo-creyente.html Capturado Junio 12, 2021).

- Piper, John. (Octubre 1, 2000) Unidos a Cristo en la muerte y en la vida, parte 2. Desiring God. https://www.desiringgod.org/messages/united-with-christ-in-death-and-life-part-2?lang=es (Capturado Junio 12, 2021).

- MacArthur, John. (2006) Comentario MacArthur del Nuevo Testamento: Juan. Chicago, IL. Moody Publishers. (2011) Grand Rapids, Michigan. Editorial Portavoz.

- Los Apóstoles y Profetas. Adoptada por el Presbiterio General en sesión el 6 de agosto del 2001. Asambleas de Dios. https://ag.org/es-ES/Beliefs/Position-Papers/Apostles-and-Prophets (Capturado Junio 12, 2021).

- ¿Cuál es la diferencia entre la iglesia universal y la iglesia local?

Got Questions. https://www.gotquestions.org/Espanol/iglesia-local-universal.html (Capturado Junio 12, 2021).

- Deffinbaugh, Robert L. (April 29, 2005) La Santidad de Dios. https://bible.org/seriespage/la-santidad-de-dios (Capturado Junio 12, 2021).

- El primer y el segundo Templo de Jerusalén. (Marzo 1, 2017) Ateneo Mercantil de Valencia. https://www.ateneovalencia.es/el-primer-y-el-segundo-templo-de-jerusalen/ (Capturado Junio 12, 2021).

- Sendek, Elizabeth de. Spencer, Aída Besançon. Gordon, A. J. (Agosto 1, 2017) El Ministerio de las Mujeres. https://www.cbeinternational.org/resource/article/el-ministerio-de-las-mujeres (Capturado Junio 12, 2021).

- Donde Se Reunió La Iglesia Primitiva. http://equipdisciples.org/Storying/Spanish/doc/CP12%20D%C3%93NDE%20SE%20REUNI%C3%93%20LA%20IGLESIA%20PRIMITIVA.htm (Capturado Junio 12, 2021).

- Elizondo, Emanuel. (Enero 26, 2021) Hoy no hay apóstoles. Coalición por el Evangelio. https://www.coalicionporelevangelio.org/articulo/hoy-no-hay-apostoles/ (Capturado Junio 12, 2021).

- Griffiths, Jonathan. El papel del anciano, obispo, y pastor. Coalición por el Evangelio. https://www.coalicionporelevangelio.org/ensayo/el-papel-del-anciano-obispo-y-pastor/ (Capturado Junio 12, 2021).

- Piper, John (Agosto 29, 1999) ¿Qué relación hay entre la circuncisión y el bautismo? https://www.desiringgod.org/messages/how-do-circumcision-and-baptism-correspond?lang=es (Capturado Junio 12, 2021).

- Martins, Steven. (Agosto 12, 2020) ¿Por qué creer en una tierra joven? Biblia y Teología. Coalición por el Evangelio. https://www.coalicionporelevangelio.org/articulo/por-que-creer-en-una-tierra-joven/ (Capturado Junio 13, 2021).

- Guzik, David. (2012) Génesis 1. El Reporte de la Creación de Dios. https://www.blueletterbible.org/Comm/guzik_david/spanish/StudyGuide_Gen/Gen_01.cfm (Capturado Junio 13, 2021).

- Donovan, Richard Niell. Génesis 1:1 – 2:4a Exégesis. Sermon Writer. https://sermonwriter.com/espanol-exegesis/genesis-11-24a/ (Capturado Junio 13, 2021).

- Cáceres, Román. (Marzo 1, 2020) LA CREACIÓN (1RA. PARTE) - Gen 1:1-2:3 https://www.jesucristorey.org/Mensajes/Visualizaci%C3%B3n-de-Mensaje/

ArticleId/802/LA-CREACI-211-N-Gen-1-1-2-3 (Capturado Junio 13, 2021).

- La Doctrina De La Creación. (Adoptada por el Presbiterio General en sesión el 4-5 de Agosto de 2014) Asambleas de Dios. https://ag.org/es-ES/Beliefs/Position-Papers/The-Doctrine-of-Creation (Capturado Junio 13, 2021).

- Lopez Ordoñez, Pr. Daniel. El Diseño De Dios Para La Iglesia Berea. Faithlife Sermons. https://sermons.faithlife.com/sermons/188395-el-diseno-de-dios-para-la-iglesia-berea (Capturado Junio 13, 2021).

- ¿Cómo podría haber luz en el primer día de la creación si el sol no fue creado hasta el cuarto día? Got Questions. https://www.gotquestions.org/Espanol/luz-primero-sol-cuarto.html (Capturado Junio 13, 2021).

- ¿Es Jesús el Creador? Got Questions. https://www.gotquestions.org/Espanol/Jesus-creador.html (Capturado Junio 13, 2021).

- Ham, Ken. (Julio 11, 2014) ¿Qué realmente sucedió con los dinosaurios? Answers in Genesis. https://answersingenesis.org/es/biblia/que-realmente-sucedio-los-dinosaurios/ (Capturado Junio 13, 2021).

- ¿Cómo puede el Dios de orden hacer una tierra desordenada y vacía? (Agosto 25, 2016) Esclavos de Cristo. https://esclavosdecristo.com/como-puede-el-dios-de-orden-hacer-una-tierra-desordenada-y-vacia/ (Capturado Junio 13, 2021).

- Piper, John. Todas las cosas fueron creadas por medio de Él y para Él. Traducción por Pilar Daza Pareja. Libros y Sermones Bíblicos. http://es.gospeltranslations.org/wiki/Todas_las_cosas_fueron_creadas_por_medio_de_%C3%89l_y_para_%C3%89l (Capturado Junio 13, 2021).

- ¿Qué es la teoría de Gap? ¿Sucedió algo entre Génesis 1:1 y 1:2? Got Questions. https://www.gotquestions.org/Espanol/teoria-del-gap.html (Capturado Junio 13, 2021).

- Sproul, R.C. Resplandeciente de Gloria. Ministerios Ligonier. https://es.ligonier.org/RTM/resplandeciente-de-gloria/ (Capturado Junio 13, 2021).

- Ham, Steve. (Enero 7, 2016) El mundo perdido de Adán y Eva: Una respuesta. https://answersingenesis.org/es/biblia/el-mundo-perdido-de-adan-y-eva-una-respuesta/ (Capturado Junio 13, 2021).

- Riddle, Mike. (Octubre 23, 2014) ¿La datación por carbono refuta a la Biblia? https://answersingenesis.org/es/ciencia/la-datacionpor-carbono-refuta-la-biblia/ (Capturado Junio 13, 2021).

- Garcia, Osvaldo. Jesús y el Arcángel Miguel. https://www. monografias.com/trabajos102/jesus-y-arcangel-miguel/jesus-y-arcangel-miguel.shtml (Capturado Junio 13, 2021).

- Hodge, Bodie. (Octubre 23, 2014) ¿Y qué hay de Satanás y el origen del mal? Answers in Genesis. https://answersingenesis.org/es/biblia/y-que-hay-de-satanas-y-el-origen-del-mal/ (Capturado Junio 13, 2021).

- Cuadra, Walter. Organización y Clasificación de los Ángeles. Mundo Bíblico. https://www.mundobiblicoelestudiodesupalabra.com/2015/03/organizacion-y-clasificacion-de-los-angeles.html (Capturado Junio 13, 2021).

- Deffinbaugh, Robert L. (Abril 29, 2005) La Invisibilidad de Dios. https:// bible.org/seriespage/la-invisibilidad-de-dios-g%C3%A9nesis-3222-30-%C3%A9xodo-249-11-1%C2%AA-timoteo-117 (Capturado Junio 13, 2021).

- Carbajal, David. (Febrero 11, 2021) ¿Quién es el Ángel de Jehová? https://www.libroscristianosmx.com/blogs/respuestas-en-la-biblia/ quien-es-el-angel-de-jehova (Capturado Junio 13, 2021).

- Guzik, David. (2020) Ezequiel 1. La visión de Ezequiel de Dios y su trono. The Enduring Word Comentario bíblico en Español. https://es.enduringword. com/comentario-biblico/ezequiel-1/ (Capturado Junio 13, 2021).

- Chafer, Lewis Sperry. Los Ángeles. Seminario Reina Valera. http://www. seminarioabierto.com/doctrina122.htm (Capturado Junio 13, 2021).

- Guzik, David. (2006) Génesis 16. Agar y el nacimiento de Ismael. https://www.blueletterbible.org/Comm/guzik_david/spanish/ StudyGuide_Gen/Gen_16.cfm (Capturado Junio 13, 2021).

- ¿Si nadie ha visto a Dios, a quien vieron los Patriarcas y Profetas? (Agosto 24, 2014) Iglesia Cristiana Reformada Sana Doctrina. https:// icrsd.wordpress.com/2014/08/24/si-nadie-ha-visto-a-dios-a-quien-vieron-los-patriarcas-y-profetas/ (Capturado Junio 13, 2021).

- Seiglie, Mario. (Abril 9, 2018) En un principio creó Dios los cielos… https://espanol.ucg.org/miembros/bajo-el-lente/002-genesis-11-en-un-principio-creo-dios-los-cielos (Capturado Junio 13, 2021).

- ¿Qué es tipología bíblica? Got Questions. https://www.gotquestions.

org/Espanol/biblica-tipologia.html (Capturado Junio 13, 2021).

- Chafer, Lewis Sperry. Dios el Hijo: Su Preexistencia. Seminario Reina Valera. http://www.seminarioabierto.com/doctrina107.htm (Capturado Junio 13, 2021).

- Suazo, J.M. El Arcangel Miguel. Descubriendo las Verdades Bíblicas Eternas. http://defensabiblica.blogspot.com/p/el-arcangel-miguel.html?m=1 (Capturado Junio 13, 2021).

- Namnún, Jairo. (25 Mayo 25, 2015) Por qué prefiero no usar el nombre "Jehová" (y prefiero usar Señor). Biblia y Teología. Coalición por el Evangelio. https://www.coalicionporelevangelio.org/articulo/por-que-prefiero-no-usar-el-nombre-jehova/ (Capturado Junio 13, 2021).

- ¿Una tercera parte de los ángeles cayeron con Lucero? Got Questions. https://www.gotquestions.org/Espanol/una-tercera-angeles.html (Capturado Junio 13, 2021).

- ¿Qué dice la Biblia acerca del ángel Gabriel? Got Questions. https://www.gotquestions.org/Espanol/angel-Gabriel.html (Capturado Junio 13, 2021).

- MacArthur, John. (Febrero 1, 1976) Ángeles: El ejército invisible de Dios, 3ª Parte. Gracia a vosotros. https://www.gracia.org/library/sermons-library/GAV-1363/%C3%A1ngeles-el-ej%C3%A9rcito-invisible-de-dios-3%C2%AA-parte (Capturado Junio 13, 2021).

- ¿Rapto Antes De La Gran Tribulación? Las 10 Mentiras Del Rapto Pretribulacional De La Iglesia. https://postribulationem.wordpress.com/librados-de-la-gran-tribulacion/ (Capturado Junio 13, 2021).

- Cuadra, Walter. Las Señales de su Segunda Venida (Mateo 24:29-31). Mundo Bíblico. https://www.mundobiblicoelestudiodesupalabra.com/2020/09/senales-de-la-segunda-venida-Cristo.html (Capturado Junio 13, 2021).

- Robinson, Tom. (Agosto 30, 2020) ¿Por qué tiene que volver Jesucristo? https://espanol.ucg.org/las-buenas-noticias/por-que-tiene-que-volver-jesucristo (Capturado Junio 13, 2021).

- Cuadra, Walter. Las 70 Semanas de Daniel. Mundo Bíblico. https://www.mundobiblicoelestudiodesupalabra.com/2015/02/las-70-semanas-de-daniel.html?m=1 (Capturado Junio 13, 2021).

- Guzik, David. (2016) Apocalipsis 21. Un Cielo Nuevo, Una Tierra Nueva, y una Nueva Jerusalén. https://www.blueletterbible.org/Comm/guzik_david/

spanish/StudyGuide_Rev/Rev_21.cfm (Capturado Junio 13, 2021).

- Más allá del Milenio. Las buenas noticias. https://espanol.ucg. org/herramientas-de-estudio/folletos/you-can-understand-bible-prophecy/mas-alla-del-milenio (Capturado Junio 13, 2021).

- Guzik, David. (2016) Apocalipsis 20. Satanás, el Pecado y la Muerte son Finalmente Eliminados. https://www.blueletterbible.org/Comm/guzik_david/ spanish/StudyGuide_Rev/Rev_20.cfm (Capturado Junio 13, 2021).

- Marvenko, Pat. "Los mil años" de Apocalipsis. Comúnmente llamados, el milenio. http://www.editoriallapaz.org/apocalipsis_10_ Tema1_Milenio.htm (Capturado Junio 13, 2021).

- Padilla, Carlos. (Julio 2008) Profecía De Las 70 Semanas De Daniel. https://www.jesucristo.net/70Daniel.htm (Capturado Junio 13, 2021).

- Victor, E.G (Julio 26, 2001) ¿Existe el infierno y el lago de fuego según la Biblia?   https://www.iglesia.net/estudios-biblicos/apologetica/existe-el-infierno-y-el-lago-de-fuego-segun-la-biblia (Capturado Junio 13, 2021).

- Ice, Thomas. Mayo 13, 2020 El Siglo Presente y el Siglo Venidero. https://evangelio. blog/2020/05/13/el-siglo-presente-y-el-siglo-venidero/ (Capturado Junio 13, 2021).

- MacArthur, John. ¿Es inminente el regreso de Cristo? The Master's Seminary. https://tms.edu/es/blog/es-inminente-el-regreso-de-cristo/ (Capturado Junio 13, 2021).

- El Premilenialismo. Parte I. (Junio 24, 2008) Sujetos a la Roca. https://sujetosalaroca. org/2008/06/24/el-premilenialismo-parte-i/ (Capturado Junio 13, 2021).

- Los Cielos Nuevos y una Tierra Nueva Gloriosos. Asociación De los Estudiantes De la Biblia El Alba. http://www.dawnbible. com/es/2013/1306ib23.htm (Capturado Junio 13, 2021).

- ¿Resurrección o vida inmediatamente después de la muerte? Verdades Bíblicas. https://www.jba.gr/es/Resureccion-o-vida-inmediatamente-despues-de-la-muerte.htm (Capturado Junio 13, 2021).

*Los libros y escritos que he consultado, por lo regular —aunque a veces opuestos entre sí en algunos puntos de vista doctrinales—, suelen estar en asuntos esenciales, dentro de las columnas de la ortodoxia, sin embargo, también he consultado y estudiado puntos de vista que se oponen a la sana enseñanza, algunos aún seculares, por lo que la lista anterior es publicada con el propósito de agradecer y dar crédito, pero no necesariamente significa un endorso o recomendación de todo.

Las citaciones en notas igualmente no significan endorso o recomendación. En estas, durante toda la serie, he usado fuentes cristianas, pero también seculares, incluyendo (pero no limitado a), diccionarios, enciclopedias, documentos históricos, libros y escritos de referencias, archivos de estudios científicos, filosóficos, de autores independientes o enlazados a universidades o instituciones. A veces cito material contrario a la buena enseñanza con el propósito de crítica apologética, contraste y para presentar opuestos. Nuestras convicciones son fuertes cuando podemos leer, debatir y retar la mala enseñanza. Sin embargo, nuevos estudiantes, creo deberán usar precaución si deciden revisar algunas de estas fuentes.

RECURSOS

Todos los libros manuales de esta serie

Estos libros contienen todo el texto de
Teología Sistemática para Latinoamérica
además de ejercicios / cuestionarios y
espacios para notas, para ser usados en
estudios de grupos, clases de instituto bíblico,
seminario o cualquier otro formato donde se
equipen ministros y líderes para la obra de
ministerio o creyentes en general que quieren
crecer en el conocimiento de Dios.

Bibliología: La doctrina de la Palabra de Dios

Paterología: La doctrina de Dios Padre

Cristología: La doctrina de Cristo

Pneumatología: La doctrina del Espíritu Santo

Antropología: La doctrina del Hombre

Hamartiología: La doctrina del Pecado

Soteriología: La doctrina de la Redención

Eclesiología: La doctrina de la Iglesia

Origen: La doctrina de la Creación

Angelología: La doctrina de los Ángeles

Escatología: La doctrina del futuro

JA PÉREZ
BIBLIOLOGÍA:
LA DOCTRINA DE LA
PALABRA DE DIOS

JA PÉREZ
PATEROLOGÍA:
LA DOCTRINA DE
DIOS PADRE

JA PÉREZ
CRISTOLOGÍA:
LA DOCTRINA DE CRISTO

JA PÉREZ
PNEUMATOLOGÍA:
LA DOCTRINA
DEL ESPÍRITU SANTO

JA PÉREZ
ANTROPOLOGÍA:
LA DOCTRINA DEL HOMBRE

JA PÉREZ
HAMARTIOLOGÍA:
LA DOCTRINA DEL PECADO

JA PÉREZ
SOTERIOLOGÍA:
LA DOCTRINA
DE LA REDENCIÓN

JA PÉREZ
ECLESIOLOGÍA:
LA DOCTRINA DE LA IGLESIA

JA PÉREZ
ORIGEN:
LA DOCTRINA
DE LA CREACIÓN

JA PÉREZ
ANGELOLOGÍA:
LA DOCTRINA
DE LOS ÁNGELES

JA PÉREZ
ESCATOLOGÍA:
LA DOCTRINA DEL FUTURO

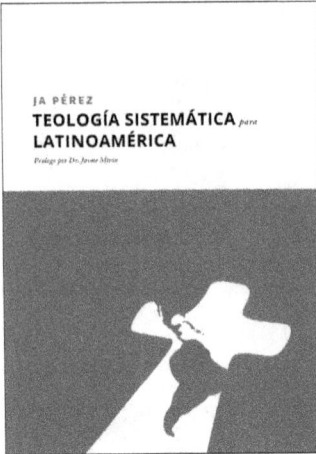

Libro principal

Todos los libros manuales de esta serie provienen del libro: *Teología Sistemática para Latinoamérica.*

Este contiene todo el texto y es un valioso libro de referencias y consultas que todo estudiante serio de teología debe tener en su biblioteca.

780 páginas

Publicado por: *Tisbita Publishing House.*

Para información sobre tiendas donde puede obtenerlo puede ir a:

https://japerez.com/teologia

Cursos de teología

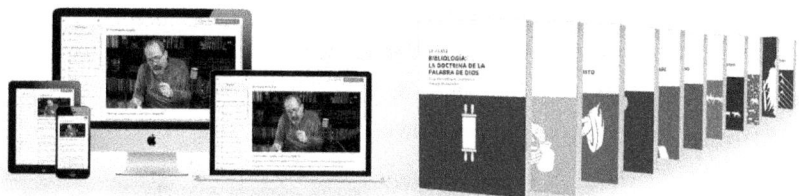

Teología al alcance de todos

La Teología (el estudio de Dios) debe ser estudiada no solo por el ministro ordenado o el aspirante al ministerio cristiano, sino por todo creyente.

Todos debemos conocer mejor a Dios, por lo tanto, hemos puesto estos cursos de teología sistemática al alcance de todos.

¿Cómo funciona?

Cada curso presenta lecciones en video y texto, el manual de curso, ejercicios y un examen final. Una vez completado, el estudiante recibe el Certificado de Completación de ese curso.

Todo dentro de una comunidad, donde usted puede hacer preguntas, compartir ideas y relacionarse con otros estudiantes.

INSTITUTO JA PÉREZ
para ESTUDIOS AVANZADOS

Estos cursos son certificados por el *Instituto JA Pérez para Estudios Avanzados™* bajo el consejo de la *Facultad de Teología Latinoamericana.* Nuestro programa de cursos responde a la necesidad de equipar creyentes, líderes, ministros continentales y aspirantes al ministerio con sólida enseñanza de manera que estos puedan influir a sus mundos con el mensaje de la buena noticia.

Más información en:
https://www.japerez.com/teologia

Dr. JA Pérez es escritor, misionero y precursor de movimientos de cosecha en América Latina.

Sus concentraciones masivas han atraido grandes multitudes durante años.

Con una trayectoria ministerial de más de cuatro décadas y varios libros publicados, sus esfuerzos hoy alcanzan a millones de vidas en todo el continente.

Su trabajo ha recibido menciones en cadenas internacionales como *CBN,* el *Club 700* y decenas de televisoras y periódicos en Centro y Sur América. En el año 2019 le fue otorgado el premio *John Wesley* (John Wesley Award) de la *Asociación Luis Palau* por su labor y liderazgo en el evangelismo mundial.

Ha equipado a miles de líderes y ministros para la obra del ministerio.

Él, su esposa y sus tres hijos viven en un suburbio de San Diego en California.

Sitio y redes sociales
japerez.com
youtube.com/*@por*JAPerez
facebook.com/*por*JAPerez

OTROS LIBROS POR JA PÉREZ

VIDA ABUNDANTE

Crecimiento espiritual | Teología | Principios de vida | Relaciones

Serie *Venciendo la ansiedad*

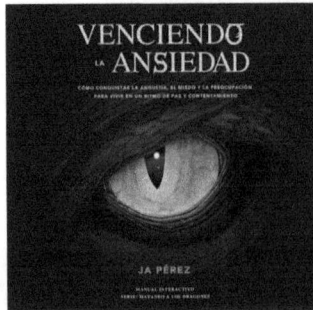

En esta serie comparto mis luchas, retos y estragos. También las verdades que me han llevado de la ansiedad a una vida de paz y contentamiento.

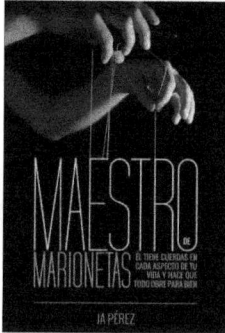

Profecía bíblica

Ficción

Finanzas personales

MINISTERIO | LIDERAZGO

Ministerio | Crecimiento de la iglesia | Evangelismo | Misiones

Discipulado | Estudio de grupos | Empresa

Evangelismo, discipulado y misiones

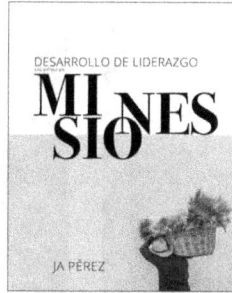

DESARROLLO DE LIDERAZGO

MI SIO NES

JA PÉREZ

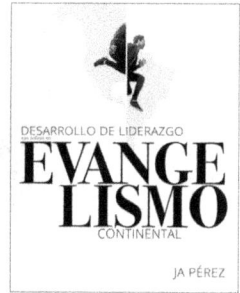

DESARROLLO DE LIDERAZGO

EVANGELISMO
CONTINENTAL

JA PÉREZ

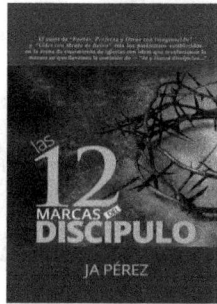

las 12 MARCAS DEL DISCÍPULO

JA PÉREZ

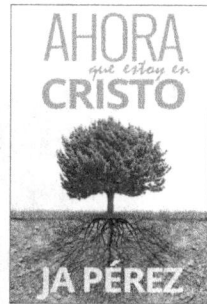

AHORA que estoy en CRISTO

JA PÉREZ

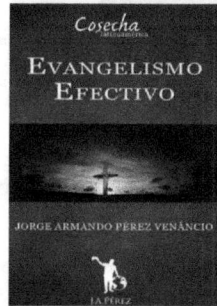

Cosecha

EVANGELISMO EFECTIVO

JORGE ARMANDO PÉREZ VENÂNCIO

JA PÉREZ

COMO COMPARTIR LAS BUENAS NOTICIAS

JA PÉREZ

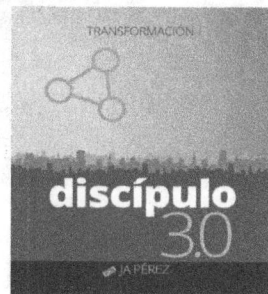

TRANSFORMACIÓN

discípulo 3.0

JA PÉREZ

Desarrollo de proyectos

JUNTOS XEL CONTINENTE

JA PÉREZ

Festivales y Concentraciones

Juntos Concejo Internacional

JUNTOS XEL CONTINENTE
VERSION:PASTORES

JA PÉREZ

Festivales y Concentraciones

Juntos En la Jornada

TRANSFORMACIÓN de CIUDAD

VERSIÓN EQUIPO

JA PÉREZ

Festivales y Concentraciones

Juntos En la Cosecha

JUNTOS

Desarrollo de líderes

DESARROLLO DE
LIDERAZGO
CON ÉNFASIS
EMPRESARIAL

JA PÉREZ

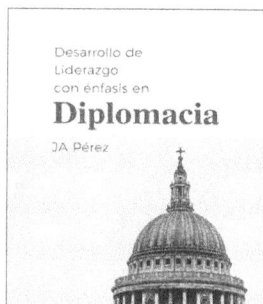

Desarrollo de
Liderazgo
con énfasis en
Diplomacia

JA Pérez

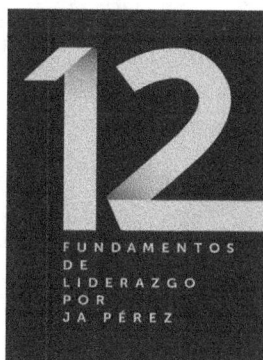

12

FUNDAMENTOS
DE
LIDERAZGO
POR
JA PÉREZ

los **5**
ERRORES
MÁS COMUNES
QUE COMETE UN LÍDER

JA PÉREZ

LÍDER
CON MENTE DE
REINO
10 principios culturalmente sensibles
para el liderazgo internacional por JA PÉREZ

EMBAJADOR360°

LÍDER
CON MENTE DE
REINO
10 principios culturalmente sensibles
para el liderazgo internacional por JA PÉREZ

EMBAJADOR360°
MAESTRO

LÍDER
CON MENTE DE
REINO
10 principios culturalmente sensibles
para el liderazgo internacional por JA PÉREZ

LIDERAZGO
IRREVOCABLE

JA PÉREZ

LIDERAZGO
INTELIGENTE

JA PÉREZ

LIDERAZGO
y CONSORCIOS

JA PÉREZ

LIDERAZGO
y GOBIERNOS

JA PÉREZ

LIDERAZGO
PRODUCTIVO

JA PÉREZ

LIDERAZGO
y CAPITAL INFLUYENTE

JA PÉREZ

LIDERAZGO
INSPIRACIONAL

JA PÉREZ

LIDERAZGO
TRANSPARENTE

JA PÉREZ

LIDERAZGO
y SISTEMAS

JA PÉREZ

LIDERAZGO
y DESARROLLOS

JA PÉREZ

LIDERAZGO
INVISIBLE

JA PÉREZ

LIDERAZGO
y LEGADO

JA PÉREZ

Inspiración y creatividad

Crecimiento de la iglesia

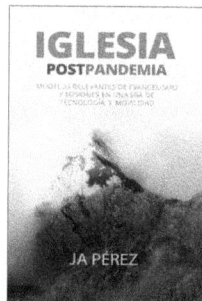

CLÁSICOS

Vida cristiana | Familia | Relaciones

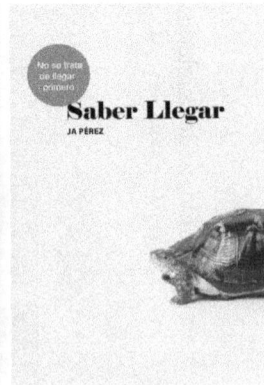

LA CIENCIA DEL POBRE

EL ESCRITOR DE "LOS PROFETAS DE COLUMN" REALIZA CONCEPTOS VALEROSOS PARA PASAR RELACIONES A CONFLICTOS BORRADOS

JA PÉREZ

LAS REGLAS QUE REGULAN LA ABUNDANCIA

EL ESCRITOR DE "LOS PROFETAS DE COLUMN" Y "EL FIN DE TODA JACTANCIA" NOS VISITA CON OBRAS FRESCAS Y METAFÓRICAS, ECHANDO UNA NUEVA LUZ SOBRE CONCEPTOS BÍBLICOS Y PRÁCTICOS EN LA ARENA DE LA ECONOMÍA.

19 REGLAS ELEMENTALES QUE LE AYUDARÁN A PROSPERAR DE LA MANERA QUE DIOS QUIERE

JA PÉREZ

EL FIN de TODA JACTANCIA

"El autor de *Los Profetas de Columna* nos hizo ver aquello tratado desciende a insistir la perfecta obra de Cristo constituida en la cruz"

EXALTANDO LA COMPLETA OBRA DE JESUCRISTO

JA PÉREZ

Las Suegras

7 principios para mejorar las relaciones entre nueras y suegras

JA PÉREZ

Lecciones de un viejo PROFETA mentiroso

JA PÉREZ

Saber Llegar

No se trata de llegar primero

JA PÉREZ

tisbita

www.ingramcontent.com/pod-product-compliance
Lightning Source LLC
Chambersburg PA
CBHW060055100426
42742CB00014B/2841